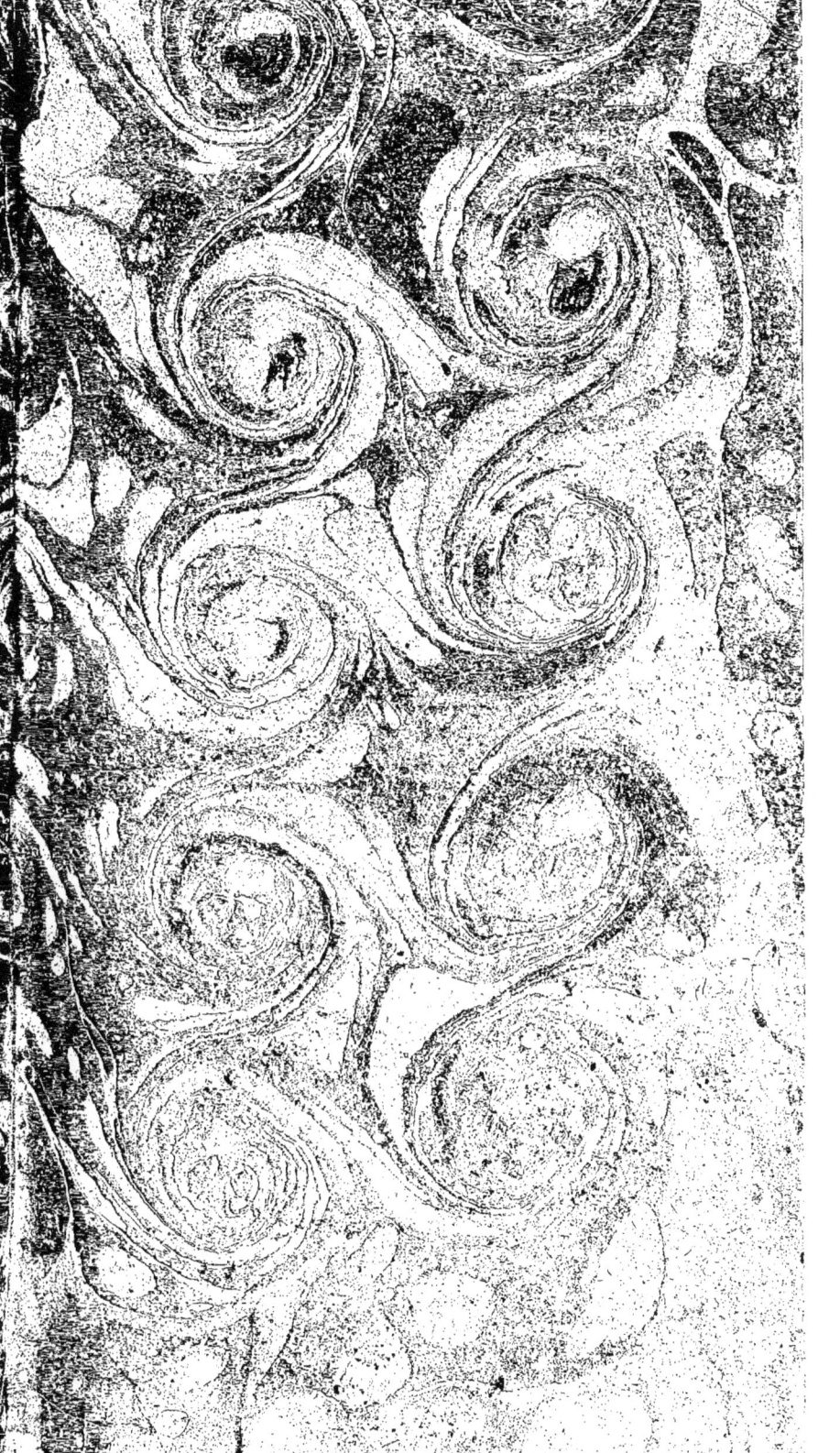

D. 2857. S. et arts.

INSTRUCTIONS
POUR
LES JEUNES DAMES

Qui entrent dans le Monde, se marient, leurs devoirs dans cet état & envers leurs Enfans;

Pour servir de Suite

AU MAGASIN DES ADOLESCENTES:

PAR

M.me LE PRINCE DE BEAUMONT.

TOME PREMIER.

A PARIS,

Chez DESAINT & SAILLANT, rue S. Jean de Beauvais, vis-à-vis le Collège.

MDCCLXIV.

Avec Approbation & Permission.

A MADAME la COMTESSE D'EGREMONT, ET A MADAME GRENVILLE.

MESDAMES,

SI je Vous eûſſe donné cette preuve de mon reſpect pendant mon ſéjour en Angleterre, j'eûſſe peut-être été ſoupçonnée de chercher à me faire des protectrices en flattant Vos talents & le digne emploi que Vous en faites. Le ſang illuſtre dont Vous ſortés, le rang où le mérite a élévé Vos Epoux, pouvoient donner de la vraiſemblance à ces ſoupçons. Ils tombent d'eux-mêmes en conſidé-

Epître dédicatoire.

rant les circonstances dans lesquelles je Vous offre cet ouvrage. Je serai absente plusieurs années; ma santé m'en impose la loi, & si le Ciel permet que je revoye les bords de la Tamise, mon âge ne me permettra plus d'y travailler comme par le passé. On ne pourra pas non plus m'accuser d'avoir suivi les mouvemens d'une inclination aveugle. Tout le monde sait à la vérité que malgré la distance qui me séparoit de Mylady Egremont, j'avois osé prendre pour elle les sentimens de l'amitié la plus respectueuse, qu'elle me l'avoit permis, qu'elle m'avoit même honoré du titre de son amie dans des Lettres que je conserve chèrement. Mais je n'ai pas eû l'honneur de connoître Madame Grenville, à qui je prens la liberté de présenter le même tribut. J'ose

Epître dédicatoire.

J'ose encore assûrer, Mesdames, que j'ai parfaitement oublié Votre crédit & Vos titres. Je cherchois des mères gouvernantes de leurs enfans pour autoriser par leurs exemples les efforts que je fais pour engager un grand nombre de mères à le devenir. Voilà le seul motif de cet Epître. Vous êtes vraiment, Mesdames, les mères des enfans que Vous avés mis au monde, & malgré les occupations indispensables que Vous procure le rang que Vous occupés, Vous trouvés les moyens de travailler à la culture de leur esprit & à la formation de leur cœur. Témoin oculaire des soins & des talens de l'une de Vous, Mesdames; certaine par des témoignages non-suspects des attentions & de l'application constante de l'autre au grand ouvrage de l'éducation de

ses

Epître dédicatoire.

ſes enfans, j'ai toûjours été pénétrée pour Vous des ſentimens du plus profond reſpect. J'eſpére qu'on dira de Vous, Meſdames, ce que le St. Eſprit dit de la femme forte : Elle a vû que ſon travail étoit bon, & elle en a goûté le fruit. Vos aimables enfans joindront aux graces extérieures les dons de l'âme : on admirera en eux les lumiéres de l'eſprit, l'excellence du caractère, & la bonté du cœur. J'ai eû l'honneur de voir les germes de tous ces précieux avantages. Ils ſont cultivés par des mains habiles & attentives. Vous recueillerés dès cette vie au centuple le fruit de vos travaux. Vos filles marcheront ſur vos traces, & ambitionneront dans le tems la glorieuſe qualité de Gouvernantes de leurs enfans, que Vous mérités à ſi juſte titre. Vos fils qui, contre l'uſage,

ont

Epître dédicatoire.

ont partagé Vos soins, marcheront sur les traces de leurs pères, & rempliront comme eux avec éloge les premiéres places dans l'Etat. Heureuse d'avoir pû trouver l'occasion de Vous payer le juste tribut que Vous mérités, & de pouvoir rendre publics les sentimens du plus profond respect avec lequel je suis,

MESDAMES,

Votre très-humble & très-

obéïssante Servante,

MARIE LE PRINCE DE BEAUMONT.

AVERTISSEMENT.

POurquoi Dieu vous a-t-il mis au monde ? demande-t-on aux enfans en leur apprenant les premiers élémens du Christianisme. On leur apprend à répondre : *pour le connoître, l'aimer, le servir, & par ce moyen parvenir à la vie éternelle.* Si un Payen venoit parmi nous, qu'il considérât la maniére dont on éléve la jeunesse, & qu'on lui demandât ensuite : pour quelle fin croyés-vous que ces enfans sont venus au monde ? il répondroit assûrement d'après vos usages, pour faire fortune, pour briller dans le monde, pour y acquérir de la réputation, pour parler les langues étrangéres, pour se divertir. Je défie qu'il soupçonne que nous avons une autre fin. Les parens le soupçonnent-ils ? Je ne le crois pas. Quel est le père qui voulant faire de son fils un Jurisconsulte, ne l'applique pas de bonne heure à l'étude des loix ? Vainement le jeune homme se plaint-il de passer les trois quarts de sa vie collé sur des livres désagréables. S'il est petit, on le fouëtte pour forcer son application ; s'il est grand, on lui répéte les grands mots de gloire, de réputation, de fortune, & on parvient à l'engager à surmonter les répugnances les plus fortes. Que ne change-

Avertissement.

ge-t-on cette demande du Catéchisme pour en substituer une conséquente à la conduite qu'on tient à leur égard ? car de me dire qu'on charge quelqu'un de leur instruction à l'égard de cette fin, je demanderois au père & à la mère, s'ils s'en rapporteroient ainsi aux maîtres qui enseignent les sciences profanes, sans s'être assûrés de leur capacité, sans veiller sur leurs progrès, & sans s'inquiéter de leurs succès ?

Il y a plus, je travaille depuis douze ans à instruire leurs enfans en conséquence de cette réponse du Catéchisme. Qu'y ai-je gagné ? quelques souscriptions arrachées par importunité, la réputation d'une prude ridicule qui veut faire une régle nouvelle, & inventer des pratiques trop austéres qui ne sont pas faites pour des gens de qualité qui doivent vivre dans le grand monde. Mais est-ce pour vivre dans ce grand monde que Dieu vous a mis sur la terre, vous & vos enfans ? Ou donnés un démenti formel à cette réponse du Catéchisme, ou convenés qu'au lieu d'en dire trop, je n'en dis pas assés. Pour vous en convaincre, réfléchissés sur ces paroles.

Dieu vous a mis au monde pour le connoître. Croyés-vous donc que cette divine connoissance demande moins de tems, moins de soins, moins d'application que l'étude des langues, de la musique, de la danse,

Avertissement.

danse, &c. ? Répondés-moi, vous, pères & mères de familles, si soigneux de faire cultiver les talens de vos enfans : est-ce en qualité de maîtresse de morale que vous me les avés confié ? Je me suis bien gardée de prendre ce titre ; je serois morte de faim. Il a fallû m'enveloper dans & sous les titres de maîtresse de langue Françoise, d'histoire & de géographie.

Mais ce n'est pas assés de s'instruire de ce qu'on doit croire ; il faut aussi savoir ce qu'on doit faire pour servir Dieu. Vous ne le servirés jamais comme il faut, à moins de vous être pénétrés par la méditation de l'Evangile, de la pureté de sa morale, de la nécessité de sa pratique. C'est faute de cette conviction que vous allégués à châque moment les usages & les maximes du monde pour éluder les préceptes de l'Evangile.

On m'a dit mille fois, vous voulés donc que nous renoncions à tout ? C'est le grand refrain, car on voudroit accommoder Dieu & les plaisirs, comme si Jésus-Christ n'avoit pas dit expressément : *On ne peut servir deux maîtres.* Ce n'est pas moi qui ai porté cette sentence ; c'est celui qui vous a créé, & qui est en droit de disposer d'une vie qui lui appartient. Mais pourquoi cette sentence paroit-elle dure ? C'est qu'on ne réfléchit pas au but où nous conduit la con-
noîs-

Avertissement.

noissance, le service & l'amour de Dieu ; c'est à la vie éternelle, à l'éternité bienheureuse. Peut-on balancer à faire plûtôt le plus que le moins pour parvenir à une telle fin ? On multiplie les précautions lorsqu'il est question des affaires temporelles ; on aime mieux prendre vingt mesures souvent inutiles que d'en manquer en un seul article. Il n'y a que pour parvenir à la vie éternelle où l'on veut se borner au strictement nécessaire, sans penser qu'on manque presque toûjours d'atteindre le but quand on ne vise pas plus loin.

J'exhorte mes Lectrices à se pénétrer de ces grandes vérités avant de lire mon ouvrage ; alors elles ne m'accuseront pas d'avoir présenté aux jeunes personnes des devoirs trop austéres. Si pourtant on continuoit à les trouver tels, qu'on s'en prenne à Jésus-Christ ; c'est lui qui a donné l'Evangile : je n'ai fait qu'engager mes écoliéres à y faire attention.

J'avertis ici le Public de ne point chercher les originaux de mes Interlocutrices. Elles ne sont ni aussi bonnes, ni aussi méchantes que je les peints ici. J'ai pris le fonds des caractères de mes écoliéres, sans m'assujettir à ne dire que ce qui s'est passé entre elles & moi. J'ai brodé sur un fond réel, ainsi point d'applications malignes : d'ailleurs, plusieurs de ces noms n'ont point de maîtresses ; ce sont des personnages absolument imaginaires.

Avertissement.

Il y a deux ou trois endroits où l'on pourroit m'accuser d'avoir manqué à la régle que je m'étois préscrite par rapport à la religion ; mais ce ne sera que faute de réfléchir. Autre chose est de parler de religion à mes écoliéres, autre chose de la justifier quand on leur apprend à la calomnier.

Adorés-vous les images, comme on dit que le font les Papistes ? me dit une d'elles qui l'avoit entendu dire chès elle. On sent bien que mon silence eût été scandaleux. Il a fallu répondre, & je l'ai fait en assûrant que mon Eglise étoit calomniée ; qu'elle avoit en horreur l'idolatrie, & qu'en protestant que je ne croyois dans les images aucune divinité, ni aucune vertu ; que l'honneur que je leur rendois, se rapportoit entiérement à l'objet qu'elles représentent, je ne faisois que répéter la doctrine de l'Eglise Romaine, telle qu'elle est dans tous les Catéchismes. Si mes écoliéres m'eûssent crû capable de professer une religion où l'on toléroit l'idolatrie, elles étoient trop instruites pour ne m'avoir pas en horreur aussi bien que mes instructions. Si les parens ou autres ne leur avoient pas suggéré trois ou quatre questions de cette espéce, je n'y aurois pas répondu, comme la conscience, l'honneur, la justice & la vérité me forçoient de le faire.

SUITE DU MAGASIN DES ADOLESCENTES.

CINQUIEME PARTIE.

Premiére Journée.

Madem. BONNE.

LADY *Charlotte*, continués l'histoire du nouveau testament, mais auparavant, Mesdames, élévons notre cœur à Dieu, faisons un acte de foi sur la divinité de la Ste. Ecriture; demandons avec ardeur les lumiéres du St. Esprit, afin de profiter de ce que nous allons entendre;

Tom. I.   A   c'est

c'eſt à quoi on ne doit jamais manquer avant de lire le St. Evangile, nous avons en tout tems beſoin du ſecours de Dieu, mais ſurtout pour profiter de ſa parole, ſans quoi, elle frapperoit nos oreilles ſans paſſer juſqu'à nos cœurs. Souvenés-vous que la parole de Dieu n'eſt jamais ſans effet, elle endurcit ceux qu'elle ne convertit pas; tremblons dans la crainte de lui voir opérer chez nous cet effet terrible.

Lady CHARLOTTE.

Il y avoit dans ce tems-là un empereur Romain, nommé *Auguſte*, qui envoya ordre dans tous les païs de son empire de faire un dénombrement des peuples; chacun devoit aller faire écrire ſon nom dans le lieu d'où ſa famille étoit originaire. Pour obéir à cet ordre, *Joſeph* & *Marie* ſe mirent en chemin pour aller faire écrire leurs noms dans la petite ville de Bethléem de Juda. *Marie* étoit alors prête d'accoucher. Etant arrivés, ils ne trouvèrent point de place dans les hotelleries, car il y avoit beaucoup d'étrangers; & comme on voyoit que *Joſeph* & *Marie* étoient pauvres, perſonne ne voulut s'incommoder pour eux: ils furent donc contrains de ſe retirer dans une

une étable où il y avoit un bœuf & un âne, & ce fut là que *Marie* mit au monde un enfant qui étoit en même tems son fils & le fils du père Eternel. Il y avoit tout proche de cette étable des bergers qui gardoient leurs troupeaux, tout d'un coup ils virent une grande lumière, & plusieurs Anges qui chantoient : *Gloire à Dieu au plus haut des cieux, & paix sur la terre aux hommes de bonne volonté.* Un de ces Anges leur dit aussi : ne craignez point, je vous annonce une grande nouvelle & le sujet d'une grande joye ; c'est qu'aujourd'hui dans la ville de *David*, il vous est né un Sauveur qui est le Christ & le Seigneur ; voici la marque à laquelle vous le reconnoitrez. Vous trouverez un enfant émmailloté & couché dans une crèche. Les bergers obéïrent à l'Ange, & vinrent à Bethléem où ils virent le Sauveur. Cependant, *Marie* conservoit toutes ces choses en elle-mêmes, & les repassoit dans son cœur, & les bergers s'en retournèrent en louant & glorifiant Dieu.

Madem. BONNE.

Avouez, Mesdames, que cette histoire est bien belle ; mais n'oublions pas de faire les importantes réflexions qu'elle occasionne. Voyons, Lady Mary, les bonnes pensées qu'elle a fait naître dans votre esprit.

Lady MARY.

J'ai grande pitié de *Marie* & de *Joseph* qui ne trouvèrent pas une pauvre petite chambre pour coucher, & qui furent obligés d'aller dans une étable avec les bêtes. Voilà qui est décidé, je veux avoir toute ma vie une grande compassion pour les pauvres; quand j'en verrai, je me souviendrai de cet Evangile, & je dirai: Jésus étoit pauvre comme ces gens-là, je veux les assister pour l'amour de lui, & comme si c'étoit lui-même.

Lady TEMPETE.

Mais, ma Bonne, pourquoi Dieu, à qui les miracles ne coutent rien, & qui envoyoit des Anges aux bergers, ne fit-il pas un prodige pour faire connoître aux gens de Bethléem que cette pauvre femme qu'ils ne vouloient pas recevoir, alloit mettre au monde le créateur du ciel & de la terre?

Madem. BONNE.

Je vous l'ai déja dit, mes enfans, Jésus-Christ venoit sur la terre, non seulement pour être notre Sauveur, mais aussi pour être notre docteur & notre modèle; c'est-à-dire, pour nous instruire par ses paroles & par son exemple. Le monde qui est l'ennemi de Jésus, a horreur de la pauvreté & des pauvres ; il dit que ceux-là sont heureux qui ont beaucoup d'argent & toutes leurs commodités ; qui logent dans de belles maisons, qui peuvent entretenir un grand nombre de domestiques. Jésus au contraire nous dira bientôt : *heureux les pauvres, heureux ceux qui souffrent, qui sont persécutés, méprisés.* En attendant qu'il nous enseigne ces grandes vérités par ses paroles, il nous les apprend par son exemple. Il choisit, comme je l'ai déja remarqué, une mère pauvre, une étable pour son palais, de pauvres bergers pour ses premiers adorateurs ; il semble nous dire par là : ne craignès-point la pauvreté & les souffrances, vous qui êtes mes enfans, mes disciples, mes favoris : si les richesses & les plaisirs étoient de vrais biens, je les aurois donné à ma mère & à *Joseph* ; j'aurois enrichi tout d'un coup ces bergers, qui par l'innocence de leur vie m'étoient agréables ; je leur aurois donné le moyen de ne pas passer la nuit dans les champs exposés à toutes les injures de l'air ; mais encore une fois, les richesses & les plaisirs ne sont pas les vrais biens, & mes disciples, c'est-à-dire, les chrétiens ne doivent pas s'y attacher.

Lady SENSE'E.

En vérité, ma Bonne, vous me faites trembler ; je ne suis pas une vraye chrétienne, il n'y en a point, ou presque point dans le monde : qui sont ceux qui aiment & estiment ce que Jésus a aimé & estimé.

Madem. BONNE.

Presque personne, ma chère, l'amour des faux biens s'est emparé de tous les cœurs ; mais vous qui êtes encore jeunes, hâtés-vous de devenir de vrayes disciples de Jésus ; vous êtes riches, soyés pauvres de cœur, en ne vous attachant pas à ces faux biens ; loin d'en souhaiter d'avantage, d'envier le sort de celles qui sont plus riches que vous, tremblés de n'avoir pas été trouvées dignes d'être pauvres ; que ces gran-

grandes maximes du chriſtianiſme s'établiſſent de telle maniére dans vos cœurs, que les diſcours empoiſonnés des gens du monde ne puiſſent les enfacer !

Lady FRIVOLE.

Il me vient une ſinguliére penſée, ma Bonne; ſi quelqu'un vous entendoit, il diroit que vous voulés nous rendre Méthodiſtes & nous faire des Saintes. Penſés donc que nous ſommes deſtinées à vivre dans le monde, & qu'on ſe moqueroit de nous ſi nous ne parlions pas comme les autres.

Madem. BONNE.

Je ne ſçai ce qu'on entend par les Méthodiſtes, ma chère; mais ſi on donne ce nom à celles qui veulent ſuivre les maximes de l'Evangile, il faut être Méthodiſtes, ou aller en enfer choiſiſſés ? Si cela dépend de moi, je vous rendrai des Saintes aſſurement, & cela n'empêchera pas que vous ne viviés dans le monde en filles de qualité. Ce n'eſt pas tant par vos diſcours qu'il faut vous diſtinguer des autres, que par vos actions, vos penſées & vos déſirs. Si le monde ſe moque de vous, parceque vous vivés en chrétienne, s'il dit que vous n'avés pas d'esprit, s'il vous méprise ; eh bien ! Jésus-Christ a été traité comme cela. N'êtes-vous pas trop heureuses de ressembler à votre maître ? Qu'elles ont été vos réflexions, Lady *Louise* ?

Lady LOUISE.

J'admire comment la providence se joue des desseins des hommes, & trouve le moyen de les faire servir à sa gloire & à ses vuës. Dieu avoit décidé de toute éternité que *Jésus* devoit naître dans la ville de Bethléem, les Prophètes l'avoient ainsi annoncé ; cependant *Joseph* & *Marie* vivoient assés loin de cette ville, & sans un ordre exprès de Dieu, il n'étoit pas naturel que *Marie* cherchât à y venir faire ses couches. Cet ordre exprès, Dieu le lui donne-t-il ? Non. Dieu suit presque toujours l'ordre naturel, & sans recourir au miracle, il employe les événemens de la vie qui paroissent y avoir le moins de rapport à les faire réussir. Le dénombrement selon les vuës d'*Auguste* est un ouvrage de sa vanité ou de sa politique, & peut être de tous les deux. Dieu s'en sert pour conduire *Joseph* & *Marie* dans l'endroit

droit où devoit naître le Meſſie, pour accomplir ce qu'en avoient prédit les Prophêtes.

Madem. BONNE.

Votre réflexion eſt excellente, ma chère, & ce n'eſt que faute de la faire ſouvent que nous nous ſentons troublé dans les divers événemens de la vie. Donnés-moi bien toute votre attention, Meſdames; ce que je vais vous dire eſt de la dernière conſéquence. Nous diſions il y a quelque tems que Dieu nous a faites pour être heureuſes, comment ce bonheur peut-il compatir avec la méchanceté des hommes qui très-ſouvent cherchent à nous nuire? Je conviens avec vous que la plûpart de ceux qui nous environnent, conſpirent contre notre bonheur; mais je ſoutiens en même tems que tous leurs efforts ſont impuiſſans. Il y a quelques années qu'un fort honnête homme ſe trouva attaqué d'une maladie de langueur, à laquelle tous les médecins ne connoiſſoient rien; dans cet état un homme qui étoit ſon ennemi, l'attendit le ſoir au coin d'une ruë pour l'aſſaſſiner, & lui paſſa ſon épée au travers du corps. Miſs.

Bel-

Bellotte, ne regardés-vous pas cela comme un malheur pour ce pauvre homme ?

Miss BELLOTTE.

Assurément, ma Bonne, c'est toûjours un malheur de recevoir un coup d'épée.

Madem. BONNE.

Point du tout, ma chère, la maladie de cet homme étoit un abcès dans le foye qui l'auroit fait mourir en très-peu de tems. Ce coup d'épée fit crêver cet abcès & le guérit entiérement. Remarqués deux choses dans cet événement, Mesdames : le crime de l'assassin qui veut tuer son ennemi, & la maniére dont Dieu détermine le coup pour sauver la vie de cet homme ; il en est de même de tous les événemens de la vie qui paroissent les plus facheux ; Dieu laisse agir librement les causes secondes, & les dirige toûjours pour le bien de ceux même à qui les hommes veulent nuire.

Lady VIOLENTE.

Fort bien, ma Bonne ; mais les coups d'épée qui crêvent les abcès sont bien rares,

res, & ceux qui tuent, fort communs. Si cet homme, au lieu de percer le foye de son ennemi, lui eut percé le cœur, qu'auriés-vous à dire, voudriés-vous nous persuader que cet événement eût été heureux pour le mort ?

Madem. BONNE.

Non, ma chère, je ne vous le dirois pas ; mais Jésus-Christ vous le dira dans l'Evangile : *Ne craignés-point*, nous dit-il, *ceux qui peuvent tuer le corps*. La crainte est un mouvement naturel, une passion que Dieu a mise en nous, pour nous faire éviter tout ce qui peut nous nuire ; Dieu ne peut se contredire lui-même, & vouloir en même tems que nous craignions, & ne craignions pas le mal : il nous dit de ne pas craindre la mort, donc la mort n'est point un mal ; recevoir un coup d'épée, n'est point un malheur, & si Dieu permet qu'il tue un homme, c'est très-sûrement que la mort pour cet homme étoit meilleure que la vie ; peut-être étoit-il au moment de succomber à une tentation, ou d'éprouver des peines contre lesquelles son courage n'eut pas été assés fort. Je me souviens d'une pensée qui me frappa à la mort de ma mère; je n'avois qu'onze ans, & pourtant la bonne éducation que j'avois reçue, me suggera des pensées très-justes. Ma mère à trente-trois ans, avec le corps le mieux constitué, la santé la plus forte, se cassa une veine en jouant, & mourut sans maladie, après avoir perdu tout son sang. Tout le monde la plaignit, excepté moi; nous touchions au moment d'une grande pauvreté, & je soutins toûjours que la mort de ma mère étoit un événement heureux pour elle, puisqu'il l'arrachoit à la douleur que lui auroit causé la dispersion de ses enfans, & l'impossibilité de les établir selon leur état.

Miss CHAMPETRE.

Je conviens de cela, ma Bonne; mais la vie que Dieu vous laissoit, étoit donc un mal pour vous, suivant ce principe, puisque vous restiés exposée à des maux que vous croyés plus insupportables que la mort?

Madem. BONNE.

Ils me paroissoient tels, mais ce n'est pas une preuve qu'ils le fussent en effet, & la suite m'a fait voir que cette pauvreté que je trouvois si rédoutable, a été la mère de mes talens & de tous ceux de mes frères & sœurs. Soyés donc certaine, Mesdames, que tous les événemens sont entre les mains de Dieu qui sait les faire servir à l'accomplissement de ses desseins sur ses créatures, comme il fit servir la vanité d'*Auguste* à l'accomplissement des prophéties, & en conséquence de cette certitude, soyons tranquilles au milieu des accidens les plus facheux; puisqu'ils sont employés par la main d'un père infiniment bon & sage. Lady *Lucie*, l'Evangile qu'on vient de nous répeter, ne vous a-t-elle rien inspiré ?

Lady LUCIE.

Un grand respect pour les ordres de mes supérieurs. Jésus-Christ même avant sa naissance nous apprend qu'il faut obéir à nos maîtres, quelques méchans qu'ils soyent; puisqu'il inspire à sa mère & à *Joseph* d'obéir à l'extravagant ordre d'*Auguste*, qui ne craint pas pour satisfaire son caprice, de troubler presque toute la terre en obligeant un grand nombre de personnes à faire des voyages pénibles, & qui

devoient

devoient extrémement déranger les affaires des pauvres.

Madem. BONNE.

Cette réflexion est encore très-importante. Remarqués, Mesdames, un des plus beaux caractères de la religion chrétienne, un caractère qui prouve sa divinité. Elle met & conserve le bon ordre dans l'univers, en nous faisant une loi inviolable de l'obéïssance que nous devons à nos maîtres. Que la terre deviendroit un séjour tranquille, si elle n'étoit peuplée que par des chrétiens !

Miss SOPHIE.

L'Europe est toute peuplée de chrétiens, cependant elle n'est pas plus tranquille que les autres parties du monde.

Madem. BONNE.

Avés-vous oublié, ma chére, ce que c'est d'être chrétienne ? & si vous vous en souvenés, osés-vous dire que l'Europe est peuplée de chrétiens ? Je le répete mon enfant, & je le répeterai jusqu'à mon der-
nier

nier foupir : tous ceux qui difent qu'un homme de cœur ne doit pas fouffrir une injure, qu'il eft déshonoré s'il ne fe vange pas, ne font pas chrétiens; ceux qui croyent qu'il eft heureux d'être riche, eftimé, honnoré, ne font pas chrétiens ; ceux qui ne penfent qu'à fe divertir, qui font occupés depuis le matin jufqu'au foir des moyens de fe procurer des amufemens, ne font pas chrétiens ; les avares, les diffipateurs, les médifans, les gourmands, les pareffeux, les voluptueux ne font pas chrétiens; & ce n'eft que parceque tous ces gens-là ne font pas chrétiens, que la terre eft un féjour trifte & miférable.

Lady SOPHIE.

Eh bien, par exemple, ma Bonne, je me trouve prefque en tout oppofée à vos fentimens ; vous difiés, il n'y a qu'un moment que Dieu dirigeoit abfolument tout ce qui arrive, je le crois comme vous dans les chofes de conféquence ; mais mon gand tombe à terre, dois-je penfer que Dieu fe mêle de cela ? je joue aux cartes avec mes fœurs, je leur gagne un fhelin, eft-ce Dieu qui leur a envoyé de mauvaifes cartes & à moi des bonnes ? C'eft avilir Dieu que
de

de le charger de ces bagatelles. (a) Vous dites actuellement, que la terre est un séjour triste & misérable, & moi, je la trouve un lieu si agréable que si Dieu m'en laissoit la maitresse, je ne voudrois pas d'autre paradis que d'y vivre telle que j'y suis à présent.

Madem. BONNE.

Bouchés vos oreilles, Mesdames, pour ne pas entendre de tels blasphémes, ou plutôt élévons toutes ensemble notre coeur à Dieu, & conjurons le d'avoir pitié de l'aveuglement de cette pauvre enfant. Oui, ma chere, vous êtes dans l'état le plus digne de compassion. Pauvre insensée, qui rénonceroit, s'il lui étoit possible, à la possession de son Dieu qui doute de sa providence ! Mais vous ne me surprenés pas dans l'instant même où vous me faites frémir. Le plaisir est votre idole ; quoique dans l'âge le plus tendre, vous vous y êtes livrée avec une fureur qui a déja obscurfi vos lumiéres

(a) Ce discours fait frémir; malheureusement il n'est point une fiction, il m'a été fait mot à mot. Une dame s'est moquée de moi, parceque je lui disois de demander à Dieu de bons domestiques. Cepandant elle passe pour avoir de la piété.

lumières naturelles, & éteint en votre cœur toute idée de piété; ne croyés pas, pauvre enfant, que le dépit de vous voir d'un autre sentiment que moi, vous attire ces reproches, je n'ai point parlé de moi même, & ce que vous apellés mes sentimens sont ceux de Jésus-Christ; ne me repliqués point, ma chère, je vous vois humiliée, mais vous n'êtes ni touchée, ni convaincue. Toutes ces dames & moi auffi, nous prierons Dieu de vous éclairer; faites de même, pauvre aveugle, pauvre insensée. Lady *Sensée*, où en étois-je? ce que j'ai entendu a tellement boulversé ma tête & blessé mon cœur, que je ne sais plus ce que j'avois à vous dire.

Lady SENSE'E.

Vous nous disiés, ma Bonne, que l'exemple de Jésus-Christ qui obéit à *Auguste*, nous apprend qu'il faut nous soumettre aux Rois, aux magistrats & aux autres personnes qui sont en places.

Miss FRANCISQUE.

Mais, ma Bonne, supposés qu'il vint un Roi qui adorât les idoles & qui voulût
me

me forcer à les adorer auſſi, faudroit-il obéïr à ce Roi ? ne vaudroit-il pas mieux ſe revolter contre ce méchant homme & le tuer ſi l'on pouvoit ?

Madem. BONNE.

Nous ne ſommes obligés d'obéïr aux puiſſances que parcequ'elles nous repréſentent Dieu ſur la terre. Elles ceſſent de le repréſenter lorſqu'elles veulent nous forcer à déſobéïr à Dieu, & par conſéquent nous ſommes diſpenſés de leur obéïr, en cette occaſion ſeulement: dans tout le reſte il faut continuer à leur reſter ſoumis; mais il ne faudroit pas pour cela chercher à leur faire du mal, ni à les tuer parceque cela n'eſt jamais permis dans quelques circonſtances que ce ſoit.

Miſs FRANCISQUE.

Comment, ma Bonne, ſi j'étois ſûre qu'un homme fût bien méchant & ne vécût que pour faire beaucoup de mal aux autres & à moi-même, eſt-ce qu'il ne ſeroit pas permis de le tuer ?

Madem. BONNE.

Je vais vous répondre par un exemple ſenſible, ma chère. Je me connois en phyſiono-

des ADOLESCENTES. 19

fionomie, & en vous regardant fixement, je m'apperçois que vous ferés un jour très-méchante, ou fi cela n'eſt pas, je crois le voir ; je vais donc prendre mon couteau & vous tuer pour éviter tout le mal que vous pourriés faire un jour. Croyés-vous que je faſſe une bonne action en vous tuant ?

Miſs FRANCISQUE.

Non aſſurément, ma Bonne, vous vous trompés quand vous croyés que je dois être bien méchante ; je ne parle pas d'une ſuppoſition, je parle d'un homme qui feroit actuellement bien du mal, & c'eſt celui-là que je dis qu'on peut tuer. (a)

Madem. BONNE.

Ecoutés bien, mes enfans, il eſt de certaines régles établies pour le bien de la ſocieté,

---

(a) Qu'on ne ſoit point ſurpris, que je traite cette queſtion, c'eſt la repetition d'une queſtion qui m'a été faite par mes écolieres l'hyver paſſé, & ſurquoi par conſequent elles ont beſoin d'être inſtruites, ſurtout en Angleterre où les enfans entendent leurs parens blamer hautement les actions du Roi & de ſes miniſtres, & en parler avec une licence qui doit faire horreur à tous ceux qui ont quelque amour pour l'ordre. Voilà ce qu'on appelle *la liberté Angloiſe*.

société, & dont on ne pourroit s'écarter qu'en renversant l'ordre & la sûreté de cette société; en voici la principale, c'est que nous ne sommes point juges des actions de notre prochain, à plus forte raison de celles de nos supérieurs. C'est aux loix & non pas à nous à les punir s'ils font méchants. Si chacun avoit le droit de punir ceux qu'il regarde comme tels, il faudroit nous sauver dans les bois pour vivre parmi les ours, nous y serions plus en sûreté que dans les villes. Le plus honnête homme du monde est en danger d'être pris pour un méchant par un fanatique, qui en conséquence croira faire une bonne action de te tuer. Laissons à Dieu & aux loix le soin de punir les méchans & ne pensons qu'à ne l'être pas nous-mêmes. Si les personnes qui nous sont superieures, veulent nous obliger à faire mal, disons leur avec respect, mais fermement comme les apôtres: Jugés vous-mêmes s'il n'est pas plus juste d'obéïr à Dieu qu'à vous. Tout le mal qu'il peut nous arriver de pis de cette réponse, c'est qu'on nous maltraite; mais ce n'est point-là un mal réel. Le crime que commettra celui qui nous maltraite mal-à-propos, ne peut jamais nous autoriser à en commettre un en le maltraitant

tant nous-même. Voilà le fondement du chriſtianiſme, mes enfans, voilà ce qui en démontre la divinité; mais j'aurai occaſion de vous en parler d'avantage par la ſuite. Je reprendrai auſſi ce que j'ai touché en paſſant par rapport à la providence, lorſque nous en ferons aux leçons que Jéſus nous donne à ce ſujet dans l'Evangile. Nos refléxions nous ont mené trop loin, Meſdames; il faut remettre à la premiére fois la ſuite du ſaint Evangile, & parler actuellement d'autre choſe.

Lady MARY.

Permettés-moi, ma Bonne, de vous dire un mot. Il vint l'autre jour un gentilhomme diner avec Papa; on me pria de repeter quelquesunes de vos leçons, malheureuſement je parlai des effets de l'électricité, & ce gentilhomme trouva qu'il étoit ridicule de nous entretenir de pareilles choſes. Je m'efforçai de chercher des motifs raiſonnables du choix que vous aviés fait d'un tel ſujet pour une de vos leçons; mais je n'en pus jamais trouver d'autre que votre bonté qui vous fait chercher ſans ceſſe les moyens de nous amuſer, & je vous avouë que ce motif ne me parut pas

pas suffisant pour repondre à ce que disoit cet homme, dont la critique dans le fond me sembloit raisonnable. Car enfin, quel avantage tirerons-nous dans le cours de notre vie, d'avoir connu les effets de l'électricité; il me semble du premier coup d'œil que cela ne peut nous procurer aucun bien. Je suis pourtant persuadée, ma Bonne, que ces motifs que je n'ai pu trouver existent, vous avés eu une autre intention que de nous divertir, j'en suis sure; car je sais que vous êtes une personne raisonnable qui ne faites rien sans une motif suffisant.

Madem. BONNE.

Vous me faites plus d'honneur que je ne merite, ma chère; il ne m'arrive que trop souvent de ne point agir comme vous supposés que je le fais toujours, demandés le plutôt à Lady *Sensée*; n'est-il pas vrai, ma chère, que je fais souvent des actions dont vous ne voyés aucun motif raisonnable.

Lady SENSE'E.

Vous étes bien fine, ma Bonne, & je vois à merveille où vous en voulés venir,
mais

mais pourtant je ne dirai rien, & je vous répond en conscience, que je ressemble à Lady *Mary*; j'ai vu tant de fois que je me trompois lorsque je croyois que vous agissiés sans motif, qu'actuellement je vous en suppose toûjours un raisonnable lorsque je ne l'aperçois pas après le plus mur examen. Vous m'allés dire que cela est contre nos principes, qu'il ne faut s'en fier à la raison de personne, & moi, je vous repondrai, que la longue experience que j'ai faite de vos lumiéres & de votre bonté, me dispense d'un examen si rigoureux à votre égard.

Madem. BONNE.

Courage, mes enfans, vous ne me gâtés pas mal avec vos louanges; je suis pourtant charmée de la bonne opinion que vous avés de moi parcequ'elle me prouve votre bon coeur. J'avoue même avec vous, qu'après une longue experience, on peut supposer des motifs justes à une personne qu'on croit éclairée & exempte de prejugés; cependant je le repete: on ne doit s'y fier qu'avec precaution. M'avés-vous devinée, Lady *Louise*, pourquoi ai-je fait cette remarque?

Lady

Lady LOUISE.

Je pense que si; la raison nous engage à nous en rapporter à l'estime qu'une longue expérience nous a donnée de vos lumiéres, & à nous faire croire que vous avés des motifs justes, lors même que nous ne les voyons pas; il est bien ridicule de murmurer contre la providence, & de trouver à redire à ce que fait le très-haut, parceque nous ne voyons pas le motif de toutes ces œuvres; il doit nous suffire qu'il est infiniment éclairé, puissant & bon, pour nous soûmettre sans murmure à tout ce qu'il ordonne.

Madem. BONNE.

A merveille, ma chère; Dieu seul doit être crû sans examen & sans précaution; présentement je vais justifier la bonne opinion que Lady *Mary* a eu de moi au sujet de l'électricité: j'ai eu plus d'un motif dans le choix que j'ai fait de cette matiére. J'ai voulu exciter votre foi, vous donner du mépris pour vos propres lumiéres dans les choses qui regardent la foi, & vous guérir de toutes les puériles frayeurs dans lesquelles on nourrit les personnes du séxe.

Lady

Lady SOPHIE.

Quel rapport, je vous prie, peut avoir la foi avec l'électricité qui est une chose naturelle ? Je vous avoue, ma Bonne, que je ne conçois pas ce rapport.

Madem. BONNE.

Dites le mot, ma chère, vous ne croyés pas qu'il puisse y avoir aucun rapport, & déjà vous m'avés traitée de ridicule & condamnée interieurement.

Lady SOPHIE.

Ah, ma Bonne, pouvés-vous dire cela ?

Madem. BONNE.

Je vous connois, ma chère, & si vous m'en priez beaucoup, je vous apprendrois à vous connoître vous-même, & je ferois l'anatomie de votre petite tête.

Lady SOPHIE.

Dites-moi en conscience, ma Bonne, le tableau que vous me feriés de moi-même, seroit-il bien laid ?

Madem. BONNE.

Paſſablement, ma chère, votre amour propre en ſouffrir à beaucoup ; je veux bien vous en prévenir, mais, mon enfant, cet amour propre que je veux écraſſer, n'eſt-il pas le plus cruel de tous vos ennemis ? N'eſt-ce pas lui qui gâtant vos lumiéres naturelles, vous fait raiſonner comme vous le faiſiés il n'y a qu'un moment, qui vous rend inſupportable à tout ce qui vous approche, qui fera tout le malheur de votre vie, & qui vous conduira en enfer ſi vous ne parvenés pas à le détruire ? Ne voilà-t-il pas un bel animal pour être tant menagé ?

Lady SOPHIE.

Animal tant que vous voudrés, ma Bonne, mais tel qu'il eſt, lui & moi ne faiſons qu'une même choſe, & vous ne pouvés le maltraiter ſans que je ne reſſente tous les coups que vous lui porterés ; mais n'importe, une fois dans ma vie, je veux vous croire ſur votre parole, & quoique je ne comprenne pas trop bien quel grand mal il me fait, je conſens que vous le traitiés comme vous le jugerés à propos : je l'abandonne à votre diſcretion, & je vais me me cacher dans un petit coin, pour n'avoir pas le déplaifir de le voir injurier en face.

Madem. BONNE.

Je ne lui ferai pas de quartier au moins, je fuis impitoyable. Vous avés, ma chère, une prefomption qui vous fait regarder vos lumiéres comme fuperieurs à celles de tout le monde; fi-tot qu'une chofe les bleffe, vous la traités de ridicule, fans le plus petit examen; vous êtes même fi attachée à votre propre fentiment, que vous feriés au defefpoir qu'on vous prouvât que vous avés tort, & qu'une erreur de votre façon eft une idole cherie, que vous craignés qu'on n'immole à la verité.

Lady SOPHIE.

Avés-vous le don de déviner, ma Bonne ? Je voudrois, fuivant ma bonne coutume, me dire à moi-même que j'ai raifon, & que vous avés tort; mais en verité cela n'eft pas poffible, & je vois clairement la juftice des reproches que vous me faites. Il eft vrai, que j'ai penfé qu'il n'étoit pas poffible que l'électricité pût exciter notre foi, & je n'ai dit le mot, je ne comprend pas, que par politeffe.

Madem. BONNE.

Dites-moi, Miss *Champêtre*, qu'est-ce que la foi ?

Miss CHAMPETRE.

C'est une vertu qui nous fait croire des verités que nous ne pouvons comprendre.

Madem. BONNE.

Qu'est-ce qui fait le fondement de notre foi, ma chère, c'est-à-dire, qu'est-ce qui empêche, que notre soumission à des mistères inconcevables ne blessé la raison ?

Miss CHAMPETRE.

Plusieurs choses, ce me semble. La premiére est l'idée que la raison nous donne d'un Dieu si grand & si infini, que lui & ses oeuvres sont au dessus de nos perceptions ; la seconde, la connoissance que des experiences journalieres nous donnent de notre ignorance & des bornes de nos lumiéres, qui ne suffisent pas pour nous faire comprendre la cent-millieme partie des choses qui nous environnent. De ces deux

deux convictions il en naît une troisiéme, & la voici; c'est la necessité d'une révélation d'un coté, & d'une soumission aveugle de l'autre, lorsque nous sommes bien assurées que la révélation vient de Dieu.

Miss ZINNA.

Ma Bonne, me voilà guerie d'un scrupule qui m'a bien fatiguée. Je craignois de dévenir Arienne, ou plutôt de l'être déjà. Je vais vous expliquer la cause de cette crainte. J'ai trois motifs de crédulité; par exemple, je crois que vous êtes dans cette chambre, parceque mes sens m'en assurent. Je crois que ma mère est à la campagne, parceque ma soeur me la dit, & que je comprens fort bien que cela est possible; car si elle me disoit qu'elle est en même tems à la campagne & ici, je ne le croirois pas, à cause que cela implique contradiction. Je crois qu'il ne faut ni tuer ni voler, parceque je conçois que le bon ordre le demande, & que je trouve cette loi gravée au fond de mon coeur. Voilà donc le fondement de tout ce que je crois. Mes sens, le temoignage des personnes non-suspectes dans des choses vraisemblables, & une cer-

taine

taine lumière naturelle qui est au dedans de moi; ces trois fondemens me manquent par rapport au mistère de la Ste. Trinité, & je me suis dit quelquefois: comment pourrois-je croire une chose dont je ne puis me former d'idée, & qui ne s'offre même à mon esprit qu'environnée de choses contradictoires & absurdes; j'ai beau dire je le crois, je mens, car je ne le conçois pas possible.

Madem. BONNE.

Vous n'êtes pas la seule qui ait eprouvé ce scrupule. Il y a trois sortes de personnes dans le monde, ma chère. Les unes ont une foi de prejugé, c'est à-dire, qu'elles croyent sur la foi de leurs parens. Elles disent hardiment qu'elles croyent sans peine les mistères du christianisme, c'est qu'elles n'y ont jamais réflechi, & quelles croyent le nom du mistère sans penser au sens des paroles. Elles croiroient avec la même facilité les absurdités de l'Alcoran, ou toute autre extravagance qu'il eut plu à leurs parens ou à leurs maîtres de leur inculquer. Les secondes qui ont réflechi sur le sens des paroles qu'elles prononcent, & qui ne trouvent dans leur esprit aucune idée conforme

à

à ce qu'on veut leur faire croire, font de vains efforts pour en faire naître quelques-unes, & comme tous ces efforts font inutiles, elles se désespèrent & croyent n'avoir point de foi, parcequ'elles n'ont pas une foi sensible. Dans cette penible situation elles renoncent à croire, parviennent à force d'efforts à eteindre le flambeau de la foi, & n'ont plus aucune religion. Enfin, les troisiémes sont celles qui convaincuës des bornes de leur esprit, ne cherchent qu'a s'assurer de la verité de la révélation, & qui, lorsqu'elles en sont bien certaines, croyent tout ce qu'elle leur ordonne de croire sans examen, sans lumiéres, & même contre leurs lumiéres, & seulement par ce que Dieu, qui ne peut ni se tromper ni nous tromper, l'a revelé. J'ai donc eu raison de vous dire que tout ce qui servoit à nous faire voir combien nos connoissances sont bornées, servoit aussi à fortifier notre foi: or rien ne confond d'avantage la bonne idée que nous avons de nos lumiéres, que la vuë d'un phénoméne tel que l'électricité où nous voyons des effets dont les plus habiles soupçonnent à peine les causes. Il me semble, qu'en voyant tous ces prodiges, le premiér sentiment que nous devons éprouver est celui-ci; Pauvre aveugle & ignorante que je fuis! Comment pourrois-je ne vouloir croire fur Dieu que ce que je comprends, puifque mon efprit ne peut même atteindre aux chofes qui m'environnent & dont les effets tombent fous mes fens!

Je vous ai dit qu'un des motifs qui m'avoient engagé à vous parler de l'électricité, étoit le defir de vous guérir de la folle idées des préftiges, enforcellemens &c. Y a-t-il rien qui reffemble plus à un prodige que les effets de ce phénoméne ? Etre frappé fans voir perfonne donner le coup, voir fortir du feu de fon corps, brûler ceux qui nous touchent fans fentir foi-même aucune chaleur, il n'y a rien là qui ne reffemble à la magie, & cependant tout y eft naturel.

Mifs LUCIE.

Mais enfin, ma Bonne, vous nous avés promis l'explication de ces prodiges ?

Madem. BONNE.

Je vous ai promis des conjectures, ma chère, c'eft-à-dire, les fentimens d'un fort habile homme, qui feront peut-être défaprouvés par vingt autres, & que vous croirés

rés autant que vous les trouverés vraisemblables. De plus, Mesdames, il faudroit être beaucoup plus habile que je ne suis, pour vous rendre les pensées de mon auteur. Il faut d'abord que vous connoissiés ce que l'on appelle la matiére phosphorale. C'est une matiére qui renferme un feu qui a besoin de l'air pour s'enflamer. J'ai vû par exemple une petite bouteille pleine de poudre; l'auteur dont je vous parle, la gardoit sur une table auprès de son lit, & quand il vouloit allumer sa chandelle, il repandoit quelques grains de cette poudre sur sa table, alors cette poudre prenoit feu, & l'on pouvoit y allumer une alumette. Nos corps & plusieurs autres sont pleins de cette matiére phosphorale, qui est extrêmement subtile. Lorsqu'une personne frotte un globe de verre avec ses mains, il s'échappe de son corps une grande quantité de cette matiére phosphorale qui passe au travers des pores du verre, & va former dans le centre de ce verre un globe de la matiére qui s'est échappée. C'est à cette matiére qu'il faut attribuer les miracles de l'électricité, & si on parvenoit à y en faire entrer une trop grande quantité, elle produiroit le même effet que le tonnerre; cela est arrivé en

Alle-

Allemagne il y a quelques années, comme je crois vous l'avoir dit. De deux savans qui faisoient des épreuves, il y en eût un de tué par un coup de tonnerre qui se forma dans le globe de verre, & les habits de l'autre furent tous brulés. Je sens Mesdames, qu'il faudroit vous expliquer comment cette matiére phosphorale renfermée dans le globe, venant à rencontrer celle qui sort de nos corps, la repousse avec violence, & produit par-là un sentiment douloureux; mais il seroit nécessaire pour cela d'entrer dans un détail qui seroit très-long, très-obscur, parceque je ne posséde ce sujet que très-superficiellement; d'ailleurs, je mériterois le reproche du gentilhomme de Lady *Mary.* J'ai tiré de l'électricité tout ce qui pouvoit vous être utile, & je dois m'y borner.

Miss FRIVOLE.

Je suis la très-humble servante de l'électricité; mais on ne m'attrappera pas à faire de telles épreuves. Avoués, ma Bonne, que le goût des sciences est bien dangereux, puisqu'il expose à de tels dangers, & qu'il vaut mieux vingt fois avoir le goût des plaisirs qui ne tue personne.

Madem.

Madem. BONNE.

Cette réflexion est digne de vous, ma chère, mais elle est fausse. Qui vous a dit que le goût des plaisirs ne tue personne. De toutes celles qui ont passé la nuit dans la salle de Westminster, ou sur les échafauts, pour voir la procession du couronnement, combien y en a-t-il qui auront gagné des rhumes & des fluxions de poitrine qui dégénereront en consomptions & & les feront mourir ! Combien n'ai-je pas vû de jeunes dames qui ont gagné leur mort en allant à un bal, à Vauxhall, à la Comédie, & à l'Opéra !

Lady SPIRITUELLE.

Ah ! ma Bonne, que je me trouve petite & bornée à ce moment ! On me fait compliment tous les jours sur mes lumiéres : moi-même, j'ai été assés stupide pour m'applaudir de mon esprit ; mais chaque instant je diminuë d'estime pour moi-même non pas par un sentiment d'humilité, c'est par justice. Pour un pauvre petit lambeau de connoissances que j'ai acquises avec bien de la peine, j'apperçois comme une grande mer de choses que je ne connois pas,

pas, & que sans doute je ne connoîtrai jamais.

Madem. BONNE.

Courage, ma chère ; voilà une des principales marques auxquelles on peut connoître si on étudie comme il faut. Voyés-vous, Mesdames, ce n'est pas sans raison qu'on a interdit l'étude aux femmes ; elles ont la tête si pleine de vent, qu'aux moindres talens, elles se croyent sans façon les huitiémes merveilles du monde, & méprisent toutes les autres : ce défaut est odieux dans la société, & en mon particulier j'aimerois mieux mille-fois vivre avec des sottes, qu'avec des femmes de cette espéce, qui ont mal étudié, ou plutôt dont les études n'ont point été bien dirigées. Toutes les fois que vous serés tentées d'être vaines du peu que vous saurés, dites-vous à vous-mêmes : je n'ai point une vraye capacité ; celle-ci nous rapétisse à nos propres yeux, parce qu'à mésures que vos lumiéres s'étendent, elles nous découvrent le peu que nous savons, en comparaison de ce que nous ne savons pas. Lady *Violente*, dites-nous, si vous connoissés quelque philosophe,

sur

sur lequel l'étude ait produit cet heureux effet ?

Lady VIOLENTE.

Je crois que Socrate est celui dont vous voulés parler, ma Bonne.

Madem. BONNE.

Je vous prie, Madame, de nous raconter ce que vous savés à ce sujet ?

Lady VIOLENTE.

Un des disciples de *Socrate* interrogea l'Oracle de Delphes, pour savoir quel étoit le plus sage de tous les hommes, l'Oracle lui répondit que c'étoit *Socrate*. Le Philosophe fut fort étonné de cette réponse, car il étoit bien éloigné d'avoir une si haute opinion de lui-même. *Socrate* résolut donc de chercher dans tous les états de la vie, de quoi confirmer ou démentir l'Oracle ; il commença par visiter un officier qui avoit quelque réputation, & fit tomber la conversation sur la guerre. L'officier commença sans affectation par faire son éloge; ensuite il critiqua la conduite des généraux sous lesquels il avoit servi,

servi, & fit entendre à *Socrate*, que s'il eût été à la tête des armées, les affaires de la république en eussent mieux été; enfin, il lui fit entendre, que ses lumiéres sur la guerre étoient supérieures à celles de tous ses concitoyens. Le Philosophe se rendit ensuite chés un Avocat, qui ne pensoit pas plus modestement que l'officier sur son propre compte. Un Marchand chés lequel il fut ensuite, s'efforça de lui persuader qu'il étoit le premier homme de la république dans les choses qui regardoient le commerce. Enfin, après une longue recherche, *Socrate* ne trouva pas un seul homme qui ne se crût plus éclairé que tous ceux de sa profession. L'Oracle a raison, s'écria le philosophe, je suis le plus sage de tous les hommes, car du moins, je sais clairement que je ne sais rien, ou du moins si peu de chose, qu'il y auroit de la folie à m'en glorifier.

Madem. BONNE.

Il me semble, Mesdames, que notre leçon aujourd'hui a été bien serieuse: il faut l'égayer un peu: en vous racontant une histoire que j'ai luë depuis quelques jours, & qui renferme, je crois, d'utiles leçons,

leçons ; mais, selon ma bonne coutume, j'ai oublié les noms, & je vais devenir la Mareine de tous les personnages dont il sera question.

La Marquise de Lude resta veuve à vingt ans avec un fils unique. Sa tendresse pour cet enfant la détermina à ne point se remarier, quoiqu'elle fut recherchée par de très-grands partis. Elle étoit riche, belle, & sembloit réunir dans sa personne toutes les qualités du cœur & de l'esprit. Un seul défaut ternissoit l'eclat de tant de vertus. Elle étoit tellement entêtée de sa noblesse, qu'elle s'estimoit d'avantage par l'ancienneté de ses ayeux, que par ses qualités personnelles. Le plus honnête homme du monde n'étoit à ses yeux qu'un homme ordinaire, s'il ne pouvoit prouver cinq cens ans tout au moins de noblesse; mais comme ce défaut n'est pas de ceux qui paroissent journellement, Madame du Lude étoit regardée dans la société comme une femme parfaite. Lorsque son fils eût seize ans, elle le fit partir pour ses voyages sous la conduite d'un gouverneur. Cet honnête homme malheureusement mourût lorsque le jeune Marquis n'avoit plus que six mois à passer dans les païs étrangers. La Marquise crût qu'il étoit inutile de chercher

cher un autre gouverneur à son fils, & chargea un vieux valet de chambre qu'elle avoit donné au Marquis, de veiller sur sa conduite. Cet homme qui se nommoit *Dubois*, cachoit sous une apparence d'honnête homme, un cœur corrompu. Monsieur, disoit-il au Marquis, vous devez tout à Madame votre mère, & vous ne pourriés sans ingratitude disposer de votre main sans son aveu, mais pour votre cœur, c'est tout autre chose ; vous êtes jeune, aimable, riche, ce sont des qualités qui vous assurent la conquête de toutes les femmes que vous voudrés vaincre, mais dans le tems que vous vous les attacherés, gardés-vous bien de vous attacher à elles. Il vous faut une maîtresse jusqu'à ce qu'on vous marie. Choisissés la dans la classe des femmes ignorées, & ne vous picqués pas de prendre le public pour votre confident. Cette conduite reservée vous attirera l'estime de tout le monde, & vous fera desirer pour gendre dans les meilleures familles. Si votre femme vous plaît plus que votre maitresse, vous pourrés sans consequence abandonner celle-ci, sans avoir à craindre un éclat; une somme lui fermera la bouche ; si au contraire on fait pour vous un marriage, où vous ne trouviés

qu'un

qu'un grand nom & des richesses, vous pourrés garder votre maîtresse ou en faire une autre dans la même classe: elle ne demandera pas mieux que de rester ignorée; car les femmes sans naissance, aussi peu sages que les femmes de qualité, n'ont point encore appris à faire parade de leurs désordres.

Le jeune Marquis goûta les leçons de *Dubois* beaucoup plus qu'il n'avoit fait celles de son gouverneur, & donnant toute sa confiance à ce miserable, il le chargea du soin de lui trouver une maîtresse, lorsqu'ils seroient de retour à Paris. A peine y avoient-t-il passé un mois, que *Dubois* vint dire à son maître, qu'il avoit trouvé un trésor. C'est, ajouta-t-il une petite fille de quinze ans qui apporte chaque jour à la maison du beure & du lait: sur ma foi, je n'ai rien vû d'aussi charmant. Le Marquis sous quelque prétexte se transporta dans l'office où étoit la jeune païsanne; mais s'il fut transporté à la vuë de sa beauté, la modestie qui éclatoit sur le visage de cette enfant, lui inspira un tel respect qu'il n'eût pas la hardiesse de lui dire un seul mot; & l'ayant saluée avec autant de respect que si elle eût été une princesse, il se retira beaucoup plus touché qu'il ne convenoit au dessein

dessein de *Dubois*. Ce malheureux séducteur du Marquis dit à la femme de charge, que son maître avoit besoin d'une grande quantité des plus belles fleurs, cette femme sans y entendre malice, commanda à la jeune païsanne qui se nommoit *Marianne*, de les lui apporter le lendemain. *Dubois* se tint sur la porte à l'heure où elle devoit venir, & dit à *Marianne*, que la femme de charge l'attendoit dans l'orangerie. La jeune fille qui n'avoit aucun soupçon, s'y rendit, & fut fort effrayée d'y trouver le Marquis qui d'abord s'approcha de la porte comme pour la fermer: Mr. lui dit *Marianne*, si vous ne me laissés pas sortir à cet instant je vais jetter des cris qui feront entendus de la ruë. Ma belle fille, lui repondit le Marquis, ne vous allarmés point; je vous donne ma parole d'honneur que je ne sortirai pas du respect que vous m'inspirés, je n'ai qu'un mot à vous dire, & de ce mot depend votre fortune. Je vous écouterai dans le jardin, lui dit *Marianne*; mais au nom de Dieu, ne me forcés pas à faire un scandale & laissés-moi sortir. Le Marquis qui n'avoit pas l'ame faite pour le crime, n'osa resister, il ouvrit la porte, se flattant que *Marianne* l'écouteroit comme elle le lui avoit promis;
mais

mais à peine fut-elle en liberté qu'elle courût avec la plus grande vitesse, & sortit de la maison sans même regarder derriere elle. Ah! *Dubois*, dit le Marquis qui étoit demeuré immobile en la voyant s'échapper avec la légéreté d'un oiseau; ah! *Dubois*, tu m'as trompé, elle est aussi sage que belle : quel crime seroit-ce de chercher à lui ravir son innocence, & que pourrois-je lui donner pour prix d'un si precieux trésor ! Cependant, *Dubois* qui étoit resté sur la porte du jardin, avoit été renversé par *Marriane* qui ne l'avoit pas même vû. Il se releva tout froissé & fut retrouver son maître auquel il s'efforça de persuader, que la vertu de *Marianne* n'étoit qu'une grimace pour lui attrapper plus d'argent. S'il ne tient qu'à cela, lui dit le Marquis, j'ai quarante mille francs dont je puis disposer; cours à la charmante *Marianne*, offre les lui comme les premices de ce que je veux faire pour elle.

Dubois se crût au moment de la victoire, lorsqu'il se vit chargé de pareilles offres. Il se rend à Vincenne où *Marianne* demeuroit, & laissa son maître dans la plus vive inquiétude. Son absence fut courte, & son air consterné ; il apprit au Marquis qu'il n'avoit pas lieu de se feliciter du suc-
ces

cès de son Ambassade. Le frère de *Marianne* au prémier mot de sa commission, avoit brutalement parlé de le jetter par la fenêtre; il en étoit encore saisi de frayeur, sans pourtant en être absolument découragé. *Marianne* sait vos intentions, dit-il au Marquis, mais pouvoit-elle me repondre en presence de sa mère & de son frère? Je me flattois de trouver ces rustes sensibles à l'attrait d'une grande fortune, je me suis trompé; la jeune fille sera peut-être plus traitable, & vos graces feront ce que l'interest n'a pû faire.

Le Marquis étoit trop amoureux pour écouter ses remords. Il s'abandonna à la conduite de *Dubois*. Ce perfide connoissoit une bouquetière qui étoit une des meilleures pratiques de Madame *Rollin*, (c'étoit le nom de la jardinière) cette femme étoit prête d'accoucher. *Dubois* l'engagea à prier *Marianne* de vouloir nommer son enfant. Le Marquis ayant appris qu'elle avoit accepté la proposition, fut transporté de joye, & se rendit chés l'accouchée, deux heures avant le tems prescrit. Il avoit fait preparer une magnifique collation, & attendoit avec une mortelle impatience l'arivée de *Marianne*; qu'elle fut sa douleur lorsqu'une femme de quarante ans qui s'annonça sous

le

le nom de Madame *Rollin*, demanda à lui dire un mot en particulier : Mr. le Marquis, lui dit-elle, je n'avois garde de donner dans le piége que vous aviés tendu à ma fille ; mais j'ai voulu m'assurer par moi-même de la continuation de vos mauvaises intentions. Elles ne sont plus équivoques, & il seroit désagreable pour ma fille & pour moi, d'avoir toûjours à craindre vos embuches. Je vous exorte donc Mr. à rougir de votre conduite passée, & à nous laisser en repos à l'avenir ; nous sommes pauvres, mais nous n'en avons pas moins droit à la justice du Roi : ma fille & moi en nous jettant à ses pieds, en obtiendront une protection qui nous mettra à couvert de vos persecutions. Ces paroles prononcées avec une fermeté modeste, mais sans aigreur, firent trembler le Marquis. Il éprouva dans ce moment tout l'ascendant qu'une ame vertueuse donne au plus pauvre sur celui qui n'est que noble & riche, & sans oser prononcer un seul mot, il sortit plein d'amour pour la fille & de respect pour la mère.

De retour à son hôtel, le Marquis s'enferma dans son cabinet sans vouloir même y admettre *Dubois*. Dans un homme bien né l'admiration de la vertu conduit à sa pratique : le Marquis pénétré de vénération pour celle dont il venoit d'être le temoin, rougit d'avoir osé attenter à la détruire; il se voyoit beaucoup au dessous de deux femmes que la fortune avoit placées dans un état abject aux yeux de l'orgueil. Cette vuë lui fit naître les réflexions suivantes. Si dans la vérité, *Marianne* s'est élévée autant que je me suis dégradé, dois-je écouter un préjugé ridicule qui la fera regarder des extravagans comme un parti indigne de moi. Que lui manque-t-il donc, le mérite étranger d'une grande suite d'ayeux, mais si la vertu de sa mère est un héritage qu'elle ait reçu de ses pères, pourrois-je lui en souhaiter de plus illustres ? Elle n'a pas de bien, il est vrai; mais ma fortune, telle qu'elle est à présent, a suffi à mon père, qu'ai-je besoin de l'augmenter ? d'ailleurs, *Marianne* pleine de modération, ne me fera point courir le risque d'être ruiné par son jeu, son luxe & ses frivoles dépenses. On rira de mon mariage, & que m'importe pourvû que j'y trouve un bonheur qu'il ne ne me feroit plus possible de goûter avec une autre femme, dois-je sacrifier ma félicité à la crainte frivole du qu'en dira-t-on ?

Ces réfléxions se fortifiérent dans l'esprit du Marquis, & dès le lendemain il se rendit à Vincenne, déterminé à offrir à *Marianne* sa main & son cœur. Son arrivée jetta le trouble dans la petite famille, & Madame *Rollin* ouvroit déjà la bouche pour lui reprocher sa témérité; il la prévint, & se jettant à ses pieds, il lui dit : ce n'est plus un lâche suborneur de votre fille qui s'offre à vos regards, c'est un amant qui n'espére de bonheur qu'au moment où vous voudrés lui faire l'honneur de l'accepter pour fils. Mon répentir est votre ouvrage, réfuserés-vous de le couronner ? Ah ! si je ne suis pas odieux à la belle *Marianne*, laissés-la décider de mon sort; la pitié du moins la déterminera en ma faveur, puisqu'il est vrai que ma mort est inévitable, si je la trouve infléxible.

Levés-vous, Mr. le Marquis, lui dit la jardinière avec un sang froid, qui prouvoit bien qu'elle n'étoit pas éblouïe du haut rang qu'on offroit à sa fille. L'aveu de Madame votre mère a-t-il précédé la dé-

démarche que vous faites. Je suis trop vrai, répondit-il, pour vous laisser espérer qu'elle l'approuve jamais ; hélas ! une chimère de rang la rendra toûjours infléxible ; mais un marriage secret peut nous dérober à sa colère jusqu'à ce que j'aye atteint l'âge où les loix me permettront de disposer de ma main sans son aveu. Comptés sur ma probité, je ne ferai jamais capable de manquer à un engagement qui pour être secret, n'en sera ni moins sacré ni moins irrévocable.

Mr. le Marquis, lui dit la jardinière, je connois que votre cœur est droit, & qu'il vous dicteroit les sermens que vous feriés, à ma fille ; mais pourrions-nous compter sur votre constance à remplir vos devoirs à son égard, après vous avoir vû violer sans scrupule, ceux qui devoient toûjours vous paroître sacrés. Une passion violente vous fait oublier ce que vous devés à la plus respectable des mères, à une mère qui vous a sacrifié sa jeunesse & ses charmes ; une autre passion vous feroit oublier ce que vous devriés à votre épouse : les charmes de ma fille & peut-être sa vertu vous ont inspiré une si étrange résolution ; mais Monsieur, ces charmes disparoîtront bientôt, & sa vertu ne mériteroit

pas

pas ce nom, si elle lui permettoit de se prévaloir d'un mouvement aveugle qui étouffe en vous les sentimens naturels: d'ailleurs, Monsieur, quand par vos importunités, vous pourriés engager Madame votre mère à souscrire à vos voeux, je ne verrois ma fille devenir votre épouse qu'avec le plus mortel chagrin ; de quel oeil seroit-elle regardée dans une famille où elle n'apporteroit ni bien ni illustration —

Miss SOPHIE.

Oh ! Madame *Rollin* m'impatiente avec sa raison, à la bonne heure qu'elle rejette un mariage secret ; mais qu'elle fasse la dédaigneuse, lorsqu'elle auroit le consentement de la Marquise, c'est une sottise que je ne puis lui pardonner.

Madem. BONNE.

Qu'en pensés-vous, Lady *Sensée* ?

Lady SENSÉE.

J'en demande pardon à Miss *Sophie*; mais je trouve que cette respectable jardinière avoit bien du bon sens. Rien ne me paroît

paroît plus triste que d'entrer dans une famille où l'on est reçu de mauvaise grace, & où l'on croit vous faire honneur en vous y admettant.

Madem. BONNE.

Voilà la raison de l'amour propre, ma chère Lady ; je vais vous en donner une autre. Votre père & votre mère vous adorent, ils vous voyent obstinée à suivre votre penchant pour un homme qu'ils croyent avoir raison de refuser pour gendre; ils s'apperçoivent que la violence de votre passion nuit à votre santé, qu'elle pourroit bien vous conduire au tombeau, alors ils vous donnent un consentement que vous leur arrachés ; ils sacrifient à votre bonheur tout celui dont ils s'étoient flattés en vous etablissant selon leurs vuës ; s'ils étoient durs, infléxibles, vous auriés fait effort pour détruire une passion inutile; mais vous connoissés la tendresse de leur cœur & vous avés la barbarie de vous en prévaloir pour le déchirer. Ah ! que vous êtes coupable, & qu'un homme qui vous encourage à empoisonner la vieillesse de vos parens, est indigne du sacrifice que vous lui faite !

Lady

Lady LUCIE.

Mais enfin, ma Bonne, on se marie pour soi & non pas pour ses parens. Voudriés-vous qu'on renonçât à la seule personne qui peut nous rendre heureuse, pour épouser un homme du choix de ses parens, qu'on connoît à peine, & avec lequel on n'a aucune certitude d'être heureuse ?

Madem. BONNE.

Ne me demandés pas ce que je voudrois, Madame ; ma décision vous paroîtroit trop sévére.

Lady LUCIE.

Dites toûjours, ma Bonne, apparamment que cette décision sera appuyée sur des raisons bien convainquantes.

Madem. BONNE.

Assûrement, Mesdames, elle sera appuyée sur la foi. C'est d'après ses lumiéres que je vous assure, qu'une chrétienne qui se marie par obéïssance à ses parens, fait toûjours le mariage le meilleur & le plus avantageux pour elle, quand même elle épouferoit le plus défagréable & le plus malhonnête homme du monde.

Lady LOUISE.

Et vîte à la preuve, ma Bonne ; je vous la demande, je vous l'avouë fans la croire poffible, & je meurs d'envie de vous dire de groffes injures.

Madem. BONNE.

Je vais dire comme Lady *Lucie*, dites toûjours, ma chère, apparamment que vos injures feront très-bien fondées ; mais non, je veux vous fauver une confufion pour vous en donner une autre. C'eft de votre bouche que vont fortir les preuves de ce que j'ai avancé ; répondés feulement à mes queftions. Qu'eft ce que la foi nous apprend fur la providence ?

Lady LOUISE.

Que tous les cheveux de notre tête font comptés, & que rien n'arrive dans le monde fans l'ordre & la permiffion de Dieu.

Madem.

Madem. BONNE.

Fort bien. Qu'eſt-ce que Jéſus-Chriſt nous ordonne de craindre ?

Lady LOUISE.

Il veut que nous ne craignions pas ceux qui peuvent tuer le corps, & qui après n'ont plus aucun pouvoir de nuire ; mais ſeulement celui qui peut perdre le corps & l'ame.

Madem. BONNE.

La mort eſt le plus grand de tous les maux phyſiques aux yeux de la chair ; la crainte du mal eſt naturelle à l'homme, comme je vous le diſois tout à l'heure : comment peut-il nous commander de ne pas écouter le ſentiment de la crainte qu'il nous a donné pour notre conſervation ?

Lady LOUISE.

Cette queſtion a déjà été décidée ; c'eſt que la mort n'eſt point un mal réel.

Madem. BONNE.

Qu'elle est donc la seule chose qu'une chrêtienne doit regarder comme un mal réel?

Lady LOUISE.

Je vous entends, ma Bonne; je vais vous répondre que c'est le péché: vous mettrés un mauvais mari au nombre des maux imaginaires, puisque ce n'est pas un péché d'en avoir un tel, & moi, je vous repliquerai bien vîte, que du moins c'est une grande occasion de péché; puisque sans d'être une sainte, il n'est pas possible de se préserver du dégoût, & même de la haine avec un méchant mari.

Madem. BONNE.

Eh! Madame, avés-vous oublié qu'il faut être sainte pour aller dans le ciel? Je ne conseillerois pourtant pas à aucune de vous de choisir de propos délibéré un mauvais mari pour avoir occasion d'acquérir la sainteté; mais si Dieu vous en donne un bien pervers sans que vous vous en soyés mêlée, croyés que ce moyen de salut vous étoit absolument nécessaire, & que votre sanctification

fication étoit attaché aux actes de patience, qu'il vous mettra dans la nécessité de pratiquer à châque instant.

Lady LOUISE.

Cela feroit excellent si Dieu nous commandoit expressément de prendre un méchant homme ; mais, ma Bonne, vous le savés, c'est souvent le caprice l'ambition, l'avarice des parens qui déterminent leur choix : vous voyés bien que Dieu n'entre pour rien là dedans.

Madem. BONNE.

Vous me disiés tout à l'heure qu'il ne tombe pas un cheveu de notre tête sans la permission du père céleste, pouvés-vous l'avoir déjà oublié ? Remarqués, Mesdames, ce que je vous ai dit tant de fois ; nous ne sommes chrêtiennes, c'est-à-dire, que nous ne croyons à la parole de Jésus-Christ, que sauf l'intérêt de nos passions, & dans la pratique nous le renonçons à la plus légére tentation. Vous dites que vous épouseriés un méchant homme si Dieu vous le commandoit expressément ; mais ne vous a-t-il pas commandé d'obéir à vos pères

pères & mères ? & ne font-ils pas fes lieutenans, fes repréfentans à votre égard? Dites-moi, ma chère, fi vous aviés remis tous vos intérêts entre mes mains, de façon que vous fuffiés déterminée à prendre aveuglement un mari de ma main; fi d'ailleurs je connoiffois celui qui peut vous procurer le plus grand bonheur, & qu'il dépendît de moi de vous le donner, ne ferois-je pas la plus déteftable de toutes les créatures, fi je manquois à vous le donner & que j'abufaffe de votre confiance pour vous en donner un mauvais ? Ne croiriesvous pas me faire une injure impardonnable de me croire capable d'une telle noirceur ? Eh bien, Mefdames, cette injure que vous ne voudriés pas me faire, vous la faites à Dieu; vous vous perfuadés qu'indifférent fur vos intérêts, il abandonnera votre fort aux caprices de ceux defquels vous dépendés. Pourquoi craignés-vous, filles de peu de foi ? C'eft votre père célefte qui veille à votre établiffement. Je vous le promets en fon nom, mes enfans, fi tous les jours vous le priés au nom de Jéfus de guider vos parens dans le choix de l'époux qu'ils vous offriront un jour; fi vous le conjurés de faire tomber ce choix, non fur un homme jeune, riche,

d'une

d'une figure féduifante; mais fur celui avec lequel vous pourrés le mieux faire votre falut. Si vous recevés de fa main l'époux que l'obéïffance vous deftine, quoiqu'il arrive vous ferés toûjours un très-bon mariage, fi ce n'eft pour cette vie, au moins pour l'autre.

Lady LUCIE.

Ma Bonne, je ne puis difconvenir de la vérité de ce que vous venés de dire. Je vous affure que j'en fuis intimement convaincuë; mais que cette voye d'aller au ciel me paroît pénible; il faut donc renoncer à toute idée de bonheur en cette vie.

Madem. BONNE.

Vous avés la mémoire auffi courte que votre amie, ma chère, puifque vous oubliés que nous fommes convenus que le vrai bonheur confiftoit dans la vertu. Pauvres gens que nous fommes! Combien s'en faut-il encore que nous ne foyons vraiment chrétiennes! Moi qui raifonne comme un livre quand il s'agit des intérêts des autres, moi dis-je, je ferois peut-être moins chrêtienne que vous dans une occasion délicate. Cette vive foi qui nous fait tout évaluer au juste, n'est pas une racine qui croisse dans notre fond. Que cette épreuve que nous faisons de notre foiblesse, serve à nous humilier profondément devant Dieu! Qu'elle nous excite à crier sans cesse & sans nous rebuter: Jésus, fils de David, ayés pitié de moi! Seigneur, rendés-moi la vûë; donnés-moi l'intelligence de votre divine parole; établissés la dans mon cœur d'une maniere si forte, qu'il ne me soit plus possible d'en douter! Adieu, Mesdames, il est bien tard; à mésure que votre raison s'éclaire vous faites tant de questions que nous passons *à examiner, à péser* la plus grande partie de la leçon. Si c'est un défaut, j'ai bien peur que vous ne deveniés incurables; car je n'ai pas la force de vous exhorter à vous en corriger.

SECONDE JOURNÉE.

Madem. BONNE.

LADY *Mary* va continuer à nous répéter une leçon de l'Ecriture Sainte; n'oublions pas, Mesdames, de demander les lumiéres du St. Esprit, & disons avec *Samuel:* parlés, Seigneur, votre servante écoute.

Lady MARY.

Jésus étant donc né en Bethléem du tems du Roi *Hérode*, des Mages vinrent de l'Orient en Jerusalem, & ils demandèrent : où est le Roi des Juifs qui est nouvellement né, car nous avons vû son étoile en Orient, & nous sommes venus l'adorer. *Hérode* ayant entendu parler d'une avanture si extraordinaire, en fût troublé & toute la ville avec lui. Il assembla les docteurs de la loi pour savoir où devoit naître le Christ, & ils lui répondirent que c'étoit dans Bethléem de Juda, parcequ'un prophéte avoit dit : *Et toi*

toi Bethléem de Juda, tu n'es pas la dernière entre les principales villes de Juda; car le chef qui conduira mon peuple, sortira de toi. Alors *Hérode* fit venir les Mages, qu'il questionna sur le tems auquel l'étoile leur étoit apparuë; & les envoyant à Bethléem, il leur dit: Allés, informés-vous exactement de tout ce qui regarde cet enfant, & lorsque vous l'aurés trouvé, faites-le moi savoir, afin que j'aille aussi l'adorer.

Les Mages étant sortis de Jerusalem, virent l'étoile qui alloit devant eux jusqu'à ce qu'étant arrivée sur le lieu où étoit l'enfant, elle s'arrêta. Lorsqu'ils virent l'étoile ils furent transportés de joye, & étant entrés dans la maison, ils trouvèrent l'enfant avec *Marie* sa mère, & se prosternant en terre, ils l'adorèrent; puis ouvrant leurs trésors, ils lui offrirent pour présent de l'Or, de la Myrrhe & de l'Encens, & ayant reçu pendant qu'ils dormoient un avertissement de n'aller point retrouver *Hérode*, ils s'en retournèrent en leur païs par un autre chemin.

Miss.

Miss BELOTTE.

Permettés-moi, ma Bonne, de vous faire deux questions. Comment les Mages purent-ils savoir la naissance du Roi des Juifs par une étoile, il y en a cent mille dans le ciel qui ne nous apprennent rien du tout? Pourquoi *Hérode*, & toute la ville fût-elle troublée lorsqu'ils apprîrent la naissance de Jésus?

Madem. BONNE.

Ma chère, toutes les fois que la Sainte Ecriture ne m'apprend pas possitivement une chose, je ne puis vous assûrer que ce que je pense sur cette chose, soit juste. Je vais vous donner mes conjectures, que vous ne devés croire qu'autant que vous les trouverés raisonnables & conformes à l'esprit de l'Evangile.

Les Mages étoient des philosophes qui passoient la plus grande partie de leur vie à étudier. Or c'étoit la coûtume des philosophes de voyager pour s'instruire par la conversation des grands hommes & par la lecture des livres rares. Les Mages pouvoient donc avoir lû les prophéties qui annonçoient, non seulement la venuë du Messie,

sie; mais encore le tems de sa naissance. Ces hommes qui avoient étudié l'Astronomie, & qui connoissoient les étoiles, virent très-bien qu'il y en avoit une nouvelle; & Dieu qui la leur envoyoit pour les guider, leur en découvrit sans doute la destination. Pour répondre à votre seconde question, je dois vous faire remarquer que Dieu avoit promis à *David* que la couronne ne sortiroit pas de sa famille; c'est-à-dire, que ses descendans regneroient en Judée jusqu'à la naissance du Christ qui devoit régner éternellement. *Hérode* qui régnoit alors, étoit étranger; c'étoit donc une marque certaine que le tems de la naissance de Jésus étoit arrivé, car vous savés bien que Dieu ne peut pas se tromper & prédire une chose fausse. *Hérode* savoit les prophéties, & comme il étoit un usurpateur, il étoit naturel qu'il fut troublé lorsqu'on lui annonça la naissance de l'héritier légitime du trône. Mais pourquoi toute la ville se troubla-t-elle avec lui? Les Juifs attendoient un libérateur, les patriarches, les prophétes, les saints rois l'avoient souhaité, pourquoi leurs enfans s'effrayent ils de sa venuë? C'est que les Juifs d'alors plongés dans les plaisirs, esclaves de la fortune & des grands, s'étoient accoûtumés à partager

les

les paſſions de leurs maîtres. Un ambitieux eſt l'eſclave de tout ce qui eſt au deſſus de lui, il n'oſeroit penſer, parler, agir que ſelon les idées de ceux dont il attend ſon élévation.

Miſs MOLLY.

Encore une queſtion, s'il vous plait, ma Bonne : pourquoi Dieu révéle-t-il la naiſſance de ſon fils au Mages plûtôt qu'à tant de millions d'autres hommes ?

Madem. BONNE.

Dieu n'agit point par caprice, ma chère, puiſqu'il choiſit les Mages plûtôt que les autres, il en avoit une bonne raiſon. La ſageſſe, la bonté, la juſtice préſident à tous ſes conſeils. L'Ecriture ne nous dit pas cette raiſon ; mais nous pouvons penſer que les Mages étoient d'honnêtes gens qui ayant connu Dieu par les lumiéres naturelles où par l'Ecriture, l'adoroient, & pratiquoient la vertu pour lui plaire ; & que pour les en récompenſer, Dieu les appella à la connoiſſance de ſon fils : car il eſt ſi bon, mes enfans, qu'il nous recompenſe dès cette vie, du peu de bien que nous

nous faisons par sa grace: nos bonnes actions sont son ouvrage, & en les récompensant, il couronne ses dons.

Lady SPIRITUELLE.

Je voudrois bien savoir pourquoi l'étoile qui avoit conduit les Mages, disparût lorsqu'ils entrèrent dans Jérusalem?

Madem. BONNE.

Peut-être, Dieu vouloit-il nous faire entendre par là que ce n'est point au milieu du tumulte qu'il fait entendre sa voix; Jérusalem assés aveugle pour s'effrayer à la nouvelle de la venuë du Messie, cette Jérusalem, dis-je, nous représente le monde: l'étoile, c'est-à-dire, l'inspiration de Dieu disparoît presque toûjours aux yeux de ceux qui y vivent.

Miss FRANCISQUE.

Bon, je répéterai cette leçon à Maman, & elle ne me menera pas tous les ans à Londres, quand elle saura que l'étoile ne paroît pas dans le grand monde; que je serai aise de rester toûjours à la campagne!

Lady

Lady SINCERE.

Miſs *Franciſque* me fait rire avec ſon amour pour la campagne : on voit bien que c'eſt une petite fille qui ne connoît pas les agrémens de Londres ; pour moi, je ſuis au déſeſpoir de n'y reſter que quatre mois, je les employe bien, je vous aſſure ; & excepté le tems de vos leçons, ma Bonne, je cherche toutes les occaſions de me divertir.

Madem. BONNE.

Dites-moi, Madame, de tous les divertiſſemens que vous goûtés, leſquels ſont le plus à votre goût ?

Lady SINCERE.

Vous m'allés gronder pour mon premier goût, c'eſt le bal. Mais pour le ſecond, je me flatte que vous l'approuverés ; c'eſt une bonne tragédie.

Madem. BONNE.

J'aimerois auſſi beaucoup une bonne tragédie, mais j'ai peur, malgré cette conforformité, que nous ne soyons pas du même sentiment. Pour voir si nous nous entendons, faites-moi, je vous prie, l'abrégé de la derniére tragédie où vous avés été ?

Lady SINCERE.

Elle a pour titre *Douglass*, & voici le sommaire de la piéce :

La mère de *Douglas* est fort affligée parcequ'elle a perdu son fils unique; à la fin elle le retrouve, & ce fils est un héros, c'est-à-dire, un homme dont la passion dominante est de se distinguer à la guerre. Ce fils est obligé de la quitter, & elle fait pour lui la priére la plus belle & la plus touchante; (car cette Dame est chrétienne) elle dit que s'il y a une providence, elle est obligée de veiller sur son fils, parcequ'il est honnête homme. Vous voyés bien, ma Bonne, que voilà de beaux sentimens ? Peu de momens après cette priére, ce fils revient sur le théatre prêt à mourir; car un de ses ennemis l'a assassiné. Alors sa mère tombe dans le plus grand désespoir; elle sort, & on vient dire qu'elle s'est précipitée du haut d'un rocher.

Madem.

Madem. BONNE.

Et sans doute, ceux qui viennent raconter sa mort, ont soin de dire que cette femme n'avoit qu'une vertu apparente, qu'elle étoit une mauvaise chrétienne qui aimoit son fils plus que Dieu ; qu'elle n'avoit pas de courage, puisqu'elle a mieux se tuer que de supporter sa douleur; qu'elle n'a même jamais sçu ce que c'étoit que le christianisme qui nous enseigne que la mort, les maladies, &c. ne sont pas des maux.

Lady SINCERE.

Non, ma Bonne, on n'a rien dit de tout cela ; je vous avouë même qu'aucune de ces choses ne m'est venu dans l'esprit en écoutant cette tragédie; quoique je voye à présent que votre remarque est fort raisonnable. J'aimois cette femme qui se tue, & je m'interessois beaucoup au sort de son fils.

Madem. BONNE.

Il avoit donc gagné votre amitié par ses vertus & ses bonnes actions ?

Lady SINCERE.

Je ne fais pas trop. Tout ce qui m'a frappé & que j'ai retenu, comme je vous l'ai déja dit, c'est qu'il aimoit la guerre, & qu'il a regret de mourir avant de s'être distingué par quelque grande victoire.

Madem. BONNE.

C'est à-dire, que l'héroïne de cette piéce est une mère follement idolâtre de son fils, & votre héros, un homme qui ne connoît d'autre vertu qu'une ambition démésurée. Vous voyés, ma chère, que cette piéce que vous trouviés si bonne, n'est propre qu'à nourrir chés vous l'esprit du monde en vous passionnant pour des personnages vicieux dans le fond, quoiqu'avec quelques vertus apparentes. Et qu'est-ce qui vous a le plus amusé à l'opéra ?

Lady SINCERE.

Le coup d'œil, ma Bonne, rien n'étoit plus brillant. Toutes les loges étoient remplies de femmes extrêmement parées ; je vous jure que cela éblouïssoit.

Madem.

Madem. BONNE.

Et voilà encore l'esprit du monde qui s'empare de vous, ma chère. Ecoutés bien ce que je vais dire, Miss *Francisque*, c'est votre question qui a amenné cette morale que je vous ai déjà prêchée bien des fois, & que je ne cesserai de répéter jusqu'à-ce qu'elle soit parvenue jusqu'à votre cœur.

Quand je vous parle du monde qui est l'ennemi de Jésus-Christ, je ne veux pas dire que ce soit plûtôt celui qu'on trouve dans les villes, que celui qui est à la campagne. Il y a deux royaumes dans l'univers, & les sujets de ces deux royaumes n'ont rien ou presque rien à l'extérieur, qui les distinguent les uns des autres. Ces deux royaumes ont chacun un Roi, qui sont Jésus-Christ & le monde. Les disciples de Jésus croyent sa doctrine, & agissent comme il le leur a commandé : les disciples du monde font la même chose à l'égard de leur maître. C'est dans l'Evangile que nous trouverons les sentimens, les actions, les commandemens du Sauveur. Souvenons-nous bien que toutes les fois que nos sentimens ne seront pas conformes à l'Evangile, nous quittons le roy-

royaume de Jésus pour entrer dans celui du monde qui est son ennemi, qu'il haït, pour lequel il ne prie pas. Or, ma chère Lady Sincére, c'est ordinairement au bal, dans les spectacles, dans les assemblées que le monde régne; c'est là où se débitent tant de maximes contraires à l'Evangile. *Il faut se divertir dans sa jeunesse, c'est le tems des plaisirs; heureux sont les riches, ceux qui parviennent aux honneurs, &c.* Ces lieux-là sont donc extrêmement dangéreux; lorsqu'une nécessité indispensable vous forcera à vous y trouver, allés-y comme vous feriés dans un lieu où il y auroit la peste; peut-être me suis-je déjà servie de cette comparaison; mais n'importe, je ne risque rien de la répéter. Dites-moi, ma chère, s'il régnoit à Londres une maladie contagieuse; que le plus grand nombre de ceux qui y viendroient, y périt en quelques heures, feriés-vous pressée de quitter la campagne pour y venir?

Lady SINCERE.

Non, en vérité, ma Bonne, je n'y viendrois pas pour tout l'or du monde.

Madem.

Madem. BONNE.

Mais, si vous étiés absolument obligée d'y venir, que vos parens vous y forçassent?

Lady SINCERE.

J'y viendrois en tremblant; je tâcherois de me boucher le nés & la bouche avec quelque chose de bien fort, comme du vinaigre, par exemple, & j'y resterois le moins qu'il me seroit possible.

Madem. BONNE.

Et voilà justement ce que vous devés faire, Madame; le monde est un lieu où il régne une peste bien dangéreuse, puisqu'elle tue l'ame: plus de la moitié de ceux qui y vivent ont l'esprit empoisonné de ses fausses maximes. Venés-y donc en tremblant; fortifiés-vous par la priére & par la méditation constante des maximes de Jésus; c'est le seul moyen de vous préserver du danger qu'on y court, & sortés-en le plus vîte qu'il sera possible en vous ménageant des tems de retraite & de recueillement.

Lady

Lady LUCIE.

Je n'en reviens point, ma Bonne, & je le répéte, vous voulés nous faire des Saintes. Ah! qu'on se mocqueroit de vous si on entendoit vos leçons!

Madem. BONNE.

Et ceux qui se mocqueroient de moi, aimeroient bien à vivre avec des Saintes. Oh! la société de ces gens-là est si commode! On peut leur proposer tout, excepté le péché; elles ne contredisent jamais, elles sont si douces, si patientes. Ecoutés-bien, Mesdames, vous êtes ici quatre ou cinq qui allés vous marier. Je voudrois pouvoir interroger vos maris dans un an; je suis bien sûre, qu'ils ne se plaindront que de ce que vous ne suivés pas mes leçons à la lettre. Miss *Zinna*, vous allés nous quitter la premiére; je ne crains pas qu'on me fasse des reproches de vous avoir donné trop de frayeur des dangers du monde.

Miss ZINNA.

Savés-vous bien, ma Bonne, que la tête me tourne presque de frayeur? Quand je je refléchis sur cette magnificence qu'on prépare pour moi, tout mon sang se glace dans mes veines. L'autre jour on m'apporta mes diamans ; tout le monde les admiroit, les louoit, me faisoit compliment de les avoir, & moi, si je n'avois pas eu une pensée dans l'esprit, je les aurois regardés comme des tentations de vaine gloire & d'avarice : jugés combien ils m'auroient parus beau sous ce point de vûe ?

Madem. BONNE.

Voulés-vous bien nous dire la pensée qui vous réconcilie avec vos diamans ?

Miss ZINNA.

Quand je les regarde comme les preuves de la tendresse du plus estimable des hommes, j'avoue qu'ils me paroissent bien brillans, & me deviennent chers ; mais, ma Bonne, j'ose vous assûrer qu'une fleur présentée de sa main, auroit le même prix à mes yeux.

Madem. BONNE.

Et moi, je vous assûre que vous les porterés avec la même innocence que vous feriés une violette ; remerciés bien le bon Dieu, ma chère. Cette crainte des pompes du monde ne vient pas de votre fond. Cette modération que Dieu vous donne, est mille fois plus précieuse que la fortune qu'il vous envoye, & vous devriés l'en remercier autant de fois que vous respirerés. Mais c'est assés moraliser. Reprenons l'histoire Romaine. Lady *Violente*, vous nous apprendrés, s'il vous plait, comment *Tarquin* se comporta sur le trône ?

Lady VIOLENTE.

Il fit périr tous ceux qui pouvoient y avoir quelque droit, confisqua leurs biens, & s'attacha une troupe de scélérats toûjours prêts à éxécuter ses ordres ; mais si *Tarquin* fut le plus méchant de tous les hommes, il fut aussi très-grand politique, & n'épargna rien pour ôter aux Romains tout espoir de secouer le joug. Je vais vous dire, Mesdames, comment il s'y prit pour engager toutes les colonnies Latines dans ses intérêts.

Vous savés, Mesdames, qu'il y avoit un grand nombre de colonnies, & que *Servius* les avoit engagées à reconnoître Rome pour capitale. Elles envoyoient donc de
tems

tems en tems des députés qui formoient une assemblée où présidoit le Roi des Romains. Peu de tems après son avénement à la couronne, *Tarquin* indiqua une de ces assemblées, & se fit attendre fort longtems. *Tatius*, un des députés, fit remarquer à ses collégues que *Tarquin* affectoit déjà la tyrannie à leur égard, & que c'étoit une marque de mépris, de ne s'être pas trouvé à l'heure qu'il avoit lui-même fixée. A peine finissoit-il ces paroles que *Tarquin* arriva, & s'excusa de n'être pas venu assés tôt, sur ce qu'il avoit été occupé à juger un procès entre un père & un fils. *Tatius* lui répondit brusquement : quand un fils ne veut pas obéir à son père, on le punit ; cela ne demande pas tant de tems. *Tarquin* sentit vivement ce reproche ; mais voulant se vanger à coup sûr, il dissimula son ressentiment. Comme il étoit tard, on remit l'assemblée au lendemain, & *Tarquin* employa utilement ce tems pour perdre *Tatius*. Il suborna un de ses domestiques, & fit cacher des armes dans sa maison. Le lendemain dès la pointe du jour il fit appeller les députés chés lui, & leur dit: qu'ils devoient remercier les Dieux de son retardement, puisqu'il avoit déconcerté une trahison qui leur avoit coûté la vie: n'en doutés pas, leur dit-il, *Tatius* par votre mort & la mienne, vouloit s'aſſûrer le trône, & il n'a montré tant de mauvaiſe humeur, que parceque le hazard a fait manquer ſon coup. Comme *Tatius* avoit la réputation d'une honnête homme, les députés demandèrent des preuves de cette conſpiration, *Tarquin* pour les convaincre, aſſûra qu'on trouveroit des armes cachées dans la maiſon de *Tatius*. Vous penſés bien, Meſdames, qu'on y en trouva puiſque le fourbe de *Tarquin* y en avoit fait mettre. Alors les députés crûrent *Tatius* coupable ; & ſans aucun examen, ce malheureux fut précipité. Les députés croyant avoir obligation de leur vie à *Tarquin*, lui jurèrent un attachement inviolable, & par la ſuite furent fidéles à leurs promeſſes.

Madem. BONNE.

Miſs *Molly*, racontés-nous l'artifice dont *Tarquin* ſe ſervit, pour ſe rendre maître de la ville de *Gabinie* ?

Miſs MOLLY.

Il feignit d'être fort en colère contre *Sextus* ſon fils ainé. Ce prince ſe ſauva
chés

des ADOLESCENTES.

chés les Gabiniens, & leur demanda un asyle qu'ils lui accordèrent de bon cœur. Comme il étoit aussi artificieux que son père, il trouva le moyen de se rendre maître de la ville. Alors il envoya un courier à *Tarquin*, pour savoir comment il devoit en traiter les habitans. Ce méchant Roi se promenoit alors dans son jardin, & sans dire un seul mot au messager de son fils, il abattoit avec sa canne, les têtes des fleurs qui s'élévoient au dessus des autres. Le messager étant de retour, dit à *Sextus*, que son père ne lui avoit rien répondu, & lui apprit à quoi il s'occupoit. J'entend cette réponse, dit *Sextus*, & ayant fait arrêter les principaux citoyens de Gabinie, il leur fit couper la tête, & devint Roi de cette ville dont il traita ensuite les habitans avec douceur.

Madem. BONNE.

Miss *Francisque* va nous rapporter l'histoire des livres Sybillins.

Miss FRANCISQUE.

Un jour une femme inconnuë vint trouver *Tarquin*, & lui apporta neuf volumes dont elles demandoit une grande fomme. *Tarquin* les trouvant trop chers, réfufa de les acheter. Alors cette femme prit trois de ces volumes qu'elle jetta dans le feu. Elle revint le lendemain, & demanda la même fomme pour les fix volumes qui reftoient. *Tarquin* la traita de folle, & lui commanda de fe retirer, ce qu'elle fit après avoir brûlé trois autres volumes. Elle revint une troifiéme fois & protefta qu'elle alloit brûler les trois derniers volumes, s'il ne lui donnoit pas la fomme qu'elle avoit d'abord demandée pour les neuf. *Tarquin* frappé de la conduite de cette femme, affembla quelques fénateurs pour leur demander leur avis; & ce fut par leur confeil qu'il acheta ces trois volumes qu'on appella les livres Sybillins.

Lady VIOLENTE.

Ah! que Mr. *Tarquin* étoit un bon comédien! Tenés, ma Bonne, je gage que c'étoit lui qui avoit fait écrire ces livres, & qu'il avoit dicté à cette femme le rôle dont elle s'acquitta fi bien.

Madem.

Madem. BONNE.

Et sur quoi croyés-vous cela, ma chère?

Lady VIOLENTE.

C'est qu'il n'auroit pas eu tant de patience avec cette femme, il lui auroit arraché ses livres, si elle n'avoit pas voulu les lui vendre au prix qu'il auroit voulu; mais, ma Bonne, qu'est-ce qu'il y avoit dans ces volumes, & pourquoi les a-t-on nommés les livres Sybillins; voilà un drôle de nom?

Madem. BONNE.

Prions Lady *Sensée* de nous apprendre ce que c'étoit que les Sybilles.

Lady SENSÉE.

Il y eut parmi les payens quelques filles dont les mœurs étoient extrémement pures, & qui se distinguoient surtout par un grand amour pour la modestie & la chasteté. On dit que Dieu pour récompenser ces vertus morales, leur donna le don de prophétie, & qu'elles écrivirent des livres dans lesquels on trouvoit prédits les événe-

événemens les plus remarquables. La plus fameuse des Sybilles se nommoit *Cumée*; les poëtes disent qu'*Apollon* l'aima, sans pouvoir être aimé d'elle. Un jour qu'elle se promenoit au bord de la mer, ce Dieu l'aborda, & jura de lui accorder tout ce qu'elle lui demanderoit. *Cumée* avoit alors du sable dans la main, & souhaita de vivre autant d'années qu'elle en tenoit de grains. *Apollon* en lui accordant sa demande, lui fit remarquer qu'elle avoit oublié de demander de ne pas vieillir, & lui offrit de joindre cette grace à celle qu'elle avoit déjà obtenue; mais *Cumée* préféra la qualité de vierge à l'avantage de demeurer jeune; elle vieillit donc, car elle vécut très-long tems, & fut tellement desséchée qu'il ne lui restoit que la voix dont elle rendoit ses oracles. Elle demeuroit dans un antre qui porte aujourd'hui son nom, & que les voyageurs ne manquent pas de visiter.

Madem. BONNE.

Il faut, Mesdames, separer la vérité de la fable. Il y a eu des Sybilles, on ne peut en douter. Le genre de vie qu'elles avoient choisi, en les éloignant des dissipa-
tions

tions & même des occupations des femmes, leur donnoit le tems de méditer & de refléchir. La meditation produit la fagacité, c'est-à-dire, une justesse dans le raisonnement qui fait prévoir les choses futures par la connoissance des présentes. J'imagine que c'étoit l'unique source de la réputation qu'eurent les Sybilles : on a dit long-tems qu'elles avoient prédit la naissance de Jésus-Christ ; mais on est persuadé aujourd'hui, que les livres qu'on leur attribuoit, étoient apocryphes. Les trois volumes que *Tarquin* acheta si cher, furent aussi attribués aux Sybilles ; on les gardoit soigneusement, & dans les calamités publiques ou dans les grands événemens, la grande Vestale consultoit ces livres ; il n'étoit alors question que de la suborner, & on lui faisoit lire & répéter aux Romains tout ce qui convenoit à ceux par lesquels elle étoit payée. Par exemple ; *Jules César* avoit la manie de vouloir être Roi, & les Romains celle de subjuguer les Parthes. *César* devoit commander l'armée qui alloit se mettre en marche contre ces peuples ; on consulta les livres sybillins sur le succès de cette entreprise, la Vestale qui étoit pensionnaire de *César*, répondit que les Parthes ne seroient jamais vaincus que par

D 5

un Roi, ce qu'elle difoit afin d'engager les Romains à donner ce titre à *Céfar*. Lady *Charlotte*, dites-nous à quelle occafion *Tarquin* fût chaffé de Rome?

Lady CHARLOTTE.

A l'occafion de la mort de *Lucréce*, à laquelle le fils ainé de *Tarquin* avoit fait un affront. Cette Romaine ne pût y furvivre; elle affembla fes parens, & fe tua après les avoir conjurés de vanger fa mort. Il y avoit à Rome un homme, nommé *Brutus*, dont *Tarquin* avoit fait périr la famille. Il n'avoit évité la mort qu'en contrefaifant le ftupide. *Brutus*, témoin de la mort de *Lucréce*, prit le poignard encore fumant de fon fang, & jura une guerre éternelle, non feulement à *Tarquin*, mais encore à la royauté.

Mifs CHAMPÊTRE.

Je refpire; nous voilà parvenuës aux beaux jours de Rome, au tems de fa liberté!

Madem.

Madem. BONNE.

C'est ce que nous verrons la première fois, Mesdames ; j'ai une histoire à vous achever, c'est celle de la jardinière de Vincenne contre laquelle vous étiés toutes de mauvaise humeur, parcequ'elle ne vouloit pas consentir pour sa fille à un mariage secret avec le Marquis. Elle fit plus, Mesdames, car voyant ce jeune Seigneur sans cesse sur les pas de *Marianne*, elle lui dit que sa fille avoit une extrême répugnance pour le convent ; mais qu'il la forceroit de s'y jetter en qualité de converse, c'est-à-dire, de sœur servante, s'il s'obstinoit à la tourmenter.

Le Marquis promît en gémissant de la laisser tranquille, & fit effectivement les plus grands efforts pour la bannir de son cœur. Il y eut peut-être réussi, si *Marianne* n'eut été que belle, & s'il n'eut eu que de l'amour ; mais elle étoit vertueuse, & les sentimens du Marquis s'étoient fortifiés par l'estime la plus parfaite ; or il n'est guère possible de détruire de pareils sentimens. Il confia son désespoir à un jeune étourdi de ses amis qui ne trouva d'autre remède à son mal que l'enlèvement de *Marianne*. Le Marquis frémit d'abord

d'une

d'une proposition si contraire au respect qu'il se sentoit pour cette fille ; mais emporté par son amour, il y consentit à deux conditions; la premiére, qu'on enléveroit la mère avec la fille pour ne point alarmer la vertu de *Marianne*. La seconde, qu'elles seroient conduites à une maison de campagne où tout seroit prêt pour se marier en arrivant.

Madame *Rollin* étoit voisine d'une Dame de qualité qui vivoit fort retirée. Cette Dame ayant connu le mérite de la jardinière, la voyoit souvent lorsqu'elle étoit à la campagne, & lorsque le mauvais tems la ramenoit à Paris ; elle lui envoyoit souvent son carrosse pour venir passer le dimanche avec elle. Le Marquis qui étoit instruit de ces petits voyages, se mit en ambuscade sur le chemin, accompagné de son ami & de quelques domestiques, parmi lesquels étoit *Dubois*. L'enlévement se fit avec beaucoup de facilité, & à peine les deux femmes enlevées qui étoient fort envelopées dans leurs coëffes, furent-elles arrivées, que le Marquis se jettant à leurs pieds, les conjura de rejetter sur la force de son amour la violence qu'il leur faisoit ; il conjura *Marianne* de le suivre à l'autel où il vouloit lui jurer un attachement que
rien

rien ne pourroit rompre, & qui ne feroit fécret que jufqu'au moment où fon âge ou la mort de fa mère le mettroient en fituation de le declarer. Fils ingrat, dit l'une de fes femmes, en levant fa coëffe, une indigne paffion te fait fans doute fouhaiter ma mort; elle t'a attiré le jufte mépris de celle que tu me préfere, & c'eft par elle que j'ai appris tes odieux projets. Vous êtes bien furprifes, Mefdames, de trouver la Marquife au lieu de la jardinière; le Marquis le fût encore plus que vous, & pour vous tirer d'embarras bien plus vîte qu'il ne le fût lui-même, je vous apprendrai, que *Dubois* convaincu par fon expérience que *Marianne* étoit fage, avoit changé le deffein de la féduire en celui de l'époufer. Dans ces nouvelles vûës, vous penfés bien qu'il n'avoit pas goûté le projet d'enlévement dont fon maître lui avoit fait part; pour le faire échoüer, il en avoit donné avis à Madame *Rollin*, & celle-ci en avoit averti la mère du Marquis. Cette Dame crût fon fils fort capable d'enléver une fille qu'il aimoit; mais elle ne pût fe perfuader qu'il eut feulement la penfée de l'époufer. Pour s'éclaircir de fes vûës, elle fe mit avec une femme de chambre dans le carroffe qui devoit conduire

duire à Paris la jardinière & sa fille. Elle avoit fait avertir en même tems son beau-frère, oncle du Marquis, de se trouver à la maison de campagne où elle devoit être conduite, afin que sa présence donna plus de poids aux reproches qu'elle vouloit faire à son fils. Ce beau-frère, Commandeur de Malthe, s'appelloit Monsieur *de Souvré*. C'étoit un homme droit, infléxible sur l'honneur dont il avoit des idées plus justes que la Marquise, comme nous le verrons bientôt. Heureusement pour le Marquis, son oncle n'arriva pas assés tôt pour être temoin du dénoüement de la piéce; & lorsqu'il fût venu, le Marquis n'étoit plus en état de l'entendre; la surprise & l'effroi lui avoient fait perdre l'usage de ses sens, & sa mère soit qu'elle fût encore trop irritée contre lui, soit qu'elle crût que cet évanoüissement étoit feint pour l'attendrir, l'abandonna aux soins de *Dubois* & de son ami, & étant remontée dans le carrosse de son beau-frère, elle le força de reprendre avec elle la route de Paris.

Cependant le Marquis revenu à lui-même, se trouva dans la situation la plus déplorable. Il ne pouvoit renoncer à *Marianne* ; il ne pouvoit non plus supporter l'idée du chagrin qu'il causoit à sa mère.

mère. Tourmenté par deux sentimens si contraires, son corps succomba, & il revint à Paris avec une fiévre violente. *Dubois* voulût persuader à la Marquise que son fils étoit en danger; elle continua de croire que cette maladie étoit un artifice. Enfin, le troisiéme jour, un médecin que *Dubois* avoit fait avertir, dit fort sérieusement à la Marquise qu'il ne répondoit point de la vie de son fils, d'autant plus qu'il refusoit toutes sortes de remédes. A peine cette tendre mère lui donna-t-elle le tems de finir son discours, elle volla à l'apartement de son fils, & l'état où elle le trouva, ne lui laissa presque aucune espérance. Le Marquis parût sensible aux preuves qu'il recevoit de la tendresse de sa mère, & appliquant ses lévres brûlantes sur une de ses mains : Cessés, lui dit-il, Madame, de pleurer un fils d'autant plus coupable qu'il ne pourroit vivre sans continuer de vous offenser. Il faut que je meure, ou de la douleur de vous déplaire, ou du désespoir de perdre *Marianne*; puisque je ne puis me flatter ni d'obtenir votre aveu pour la posséder, ni de vivre sans ce bonheur. Le Commandeur étant arrivé dans ce moment, se joignît inutilement à la Marquise pour engager le malade à se

prêter

prêter aux secours qu'on vouloit lui donner ; il s'obstina à tout refuser. Alors Monsieur *de Souvré* tirant sa sœur à l'écart, lui demanda si elle vouloit sacrifier ce fils unique à un préjugé ? que dans le fond ce mariage qui la revoltoit, ne blessoit pas réellement l'honneur, puisqu'elle avouoit elle-même que les sentimens de la fille & de la mère pouvoient honnorer les personnes les plus qualifiées.

La Marquise n'étoit plus en état d'écouter sa délicatesse ; elle se rapprocha du lit de son fils, le conjura de suspendre son désespoir puisqu'elle étoit résolue à lui accorder *Marianne*; & comme le Marquis paroissoit douter de sa promesse, elle ordonna à *Dubois* de partir sur le champ dans son carrosse, & de ramener la *Rollin* & sa fille. *Dubois* ne s'attendoit pas à échouer dans son ambassade : il la fit avec confiance, & assûra la jardinière que la Marquise consentoit à l'union de son fils avec *Marianne*, & qu'elle la conjuroit de venir promptement lui sauver la vie ; mais Madame *Rollin* étoit trop sage pour faire une pareille démarche sur la parole d'un valet; elle s'excusa fort honnêtement de le suivre. La Marquise tomba dans une espéce de fureur lorsqu'elle apprit ce refus.

Les.

Les noms d'impertinente & d'orgueilleuse furent prodigués à la *Rollin*. Le Commandeur lui fit remarquer que cette femme se conduisoit avec une sagesse qui la lui faisoit estimer, il s'offrit de l'aller chercher lui-même, avouant qu'il avoit fait une faute de s'en être remis à *Dubois*; mais, ajouta-t-il, il faut rassûrer une femme que la sagesse rend défiante, & lui prouver que nous agissons de bonne foi: je ne me charge de l'aller chercher qu'à condition de lui porter un papier signé de vous & de moi, qu'elle pourra remplir comme elle le jugera à propos. La crainte faisoit taire l'orgueil ; la Marquise signa, & le Commandeur en arrivant chés Madame *Rollin*, lui présenta ce papier. Monsieur, lui dit la jardinière, je suis mère, & je comprens fort bien qu'on peut tout promettre pour sauver un fils, tel que Mr. le Marquis ; mais mettés-vous à ma place, ma fille m'est chère, & je dois l'arracher à la situation où les regrets de Madame la Marquise pourroient la reduire ? Ah ! ma chère Madame, lui dit le Commandeur, que votre prévoyance est cruelle ! Cependant, je ne puis la blâmer absolument ; nous n'avons pas l'honneur d'être connus de vous, sans

quoi

quoi vous feriés fond sur notre parole...
Voici la preuve que je la regarde comme sacrée, lui dit la jardinière qui voyoit sa fille prête à tomber en foiblesse ; elle déchira le papier, & présentant au Commandeur la main de sa fille, elle monta dans l'équipage de la Marquise sans que Mr. *de Sauvré* ouvrit la bouche. Il avoit trouvé tant de noblesse dans le procédé de cette femme, qu'il sentoit pour elle une admiration qu'il ne pouvoit exprimer. Les charmes de *Marianne*, les larmes qui s'échappoient de ses yeux, justifioient le Marquis dans son esprit ; il connoissoit que son neveu étoit aimé, & qu'il avoit fallu à ces femmes la vertu la plus héroïque pour resister à ses poursuites, en sorte qu'il commençoit à s'estimer heureux d'avoir une telle niéce ; il exprima si naturellement ses sentimens à cet égard, que Madame *Rollin* ne fit point de difficultés de lui avouer que si sa fille avoit eu une fortune immense, elle ne l'auroit estimée qu'autant qu'elle l'auroit rapprochée du Marquis. Le Commandeur conduisit *Marianne* & sa mère dans la chambre du malade qui étoit retombé dans le désespoir. On lui avoit caché l'inutilité du voyage de *Dubois*, & sa longue absence faisoit croire au Marquis que

que Madame *Rollin* avoit été infléxible. Quelle fût sa joye lorsque sa mère lui présentant *Marianne*, lui dit : vivés, mon chèr fils, vivés pour la belle *Marianne !* A cette voix, le Marquis faisant un effort sur sa foiblesse, baisa la main de sa mère & celle de sa maîtresse, avec un transport qui sembla ranimer ses forces. Dès-lors il s'abandonna aux soins du médecin, & après avoir pris quelques remédes qui lui furent présentés par *Marianne*, il s'assoupit & dormit d'un sommeil tranquille. La Marquise qui ne voyoit alors dans ces femmes que deux personnes qui lui rendoient un fils qu'elle adoroit, leur fit de tendres caresses. On se mit à table pour souper ; c'étoit un spectacle nouveau pour les domestiques de voir deux pauvres païsannes à la table de leur maîtresse dont ils connoissoient la hauteur. La malignité de ces ames basses se faisoit un régal de l'air décontenancé qu'ils supposoient que ces femmes alloient avoir dans une place si peu faite pour elles ; mais elles furent si bien allier une aisance modeste avec le respect qu'elles devoient à la Marquise, qu'on étoit tenté de croire qu'elles étoient nées pour la fortune qui s'offroit à elles.

Lady

Lady VIOLENTE.

Mille pardons, ma Bonne, si je vous interromps; mais je suis fille, & je suis excusable, si je ne puis retenir une pensée qui me suffoque. Vous dites, que les domestiques furent tentés de croire que ces femmes étoient faites pour la fortune qui s'offroit à elles; moi, je succombe à cette tentation, & je crois fermement que Madame *Rollin* n'étoit pas née jardinière.

Madem. BONNE.

Et sur quoi croyés-vous cela, je vous prie?

Lady VIOLENTE.

C'est qu'il n'est guére possible qu'une femme du commun eut eu tant de sagesse, de prudence, de politesse & de grandeur d'ame; car je vois tout cela dans cette chère Madame *Rollin* que j'aime de toute mon ame, aussi bien que sa charmante fille.

Lady

Lady SOPHIE.

J'aime beaucoup Madame *Rollin*; mais je ne sens encore rien pour *Marianne* dont ma Bonne ne nous a pas dit un seul mot, excepté qu'elle est belle.

Miss BELOTTE.

Oh! ma chère, je vous demande pardon; ma Bonne vient de nous faire son éloge. Ne nous a-t-elle pas dit qu'elle aimoit le Marquis; qu'elle l'avoit confié à sa mère, puisque cette mère l'avoua au Commandeur; que cette fille étoit donc docile, obéissante & sage, puisqu'elle se remettoit toute entiére à la conduite de sa mère dans une occasion si pénible?

Madem. BONNE.

Venés que je vous embrasse, ma chère *Belotte*, le bon sens vient de s'exprimer par votre bouche. Oui, Mesdames, toute la vertu d'une fille est renfermée dans la confiance & l'obéissance à sa mère : c'est en cela que consiste toute sa perfection, surtout si elle a le bonheur d'en avoir une du caractère de la respectable Madame

Rol-

Rollin. Revenons aux conjectures de Lady *Violente.* Selon elle la sagesse, la prudence, la politesse & la grandeur d'ame sont tellement l'appanage d'une personne de condition, qu'elle ne peut croire que Madame *Rollin* soit née jardinière parcequ'elle les possède. Par conséquent, que doit-on penser d'une grande Dame en laquelle on remarque de l'étourderie, un manque de conduite, de politesse, & peu ou point de grandeur d'ame ?

Lady VIOLENTE.

En vérité, ma Bonne, je n'avois fait que la moitié de la refléxion, & vous me forcés à l'achever. Ces grandes Dames avec toute leur noblesse, font douter en les voyant, si elle ne sont pas nées jardinières. Mais, ma Bonne, je fais pénitence de la sottise que j'ai faite en vous interrompant ; je meurs d'envie de savoir le reste de cette histoire, & la voilà suspendue.

Madem.ᵉ BONNE.

‹ Et qui pis est, elle le sera jusqu'à la première leçon. Je m'oubliois en vous la racon-

racontant. Vous faites la grimace, Lady *Mary*; mais il faut pourtant faire ce sacrifice de bonne grace, & prendre l'habitude de faire céder nos plaisirs à nos devoirs. D'ailleurs, mes enfans, quand nous n'aurions pas autre chose à faire, je saisirois de tout mon cœur l'occasion de vous accoûtumer à modérer vos désirs.

Miss CHAMPETRE.

Mais, ma Bonne, en conscience, quel mal fait-on en satisfaisant des goûts aussi innocens que celui qu'il vous plait de mortifier ?

Madem. BONNE.

On s'accoûtume à ne pouvoir maitriser ses désirs, & quand on a le malheur d'en concevoir de moins innocens, on n'a pas la force de les reprimer. D'ailleurs, Mesdames, nous sommes faites pour vivre en société. Vos goûts innocens seront peut-être contradictoires aux goûts innocens des autres, si vous voulés toûjours vous y livrer, vous deviendrés le tyran des compagnies où l'on aura le malheur de vous admettre, ou bien, vous souffrirés infiniment

d'une

d'une contrainte dont vous n'aurés aucun ufage.

Miſs CHAMPETRE.

Laiſſons donc là l'hiſtoire ; je m'en conſolerai ſi vous avés la bonté de nous dire un petit mot de Philoſophie. Vous nous dites la derniére fois que ce qui étoit une vérité pour ceux qui ont examiné, eſt un préjugé pour ceux qui croyent ſans examen ; je n'entends pas bien cela : comment une choſe peut-elle être en même tems une vérité & un préjugé ?

Madem. BONNE.

Le voici, ma chère. Souvenés-vous qu'un préjugé eſt une choſe qu'on croit ſur la foi d'autrui : j'ai découvert en l'examinant avec ſoin que la doctrine de l'Evangile eſt tellement digne de Dieu, qu'elle ne peut être l'ouvrage des hommes. La divinité des Saintes Ecritures eſt donc une vérité pour moi, & il ne dépend d'aucun homme de me faire penſer autrement. Cela ne dépend pas même de moi, car il ne m'eſt pas poſſible de donner un dementi à ma raiſon. Vous, croyés-vous, ma chère,

chère, que l'Ecriture est divine parceque votre gouvernante vous la dit ? Vous ne le croyés que sur son autorité, & il ne lui auroit été guére plus difficile de vous faire croire le contraire, parceque votre raison ne s'est jamais mêlée de votre foi à cet égard. Votre foi est donc un préjugé qu'on pourroit facilement détruire.

Lady LUCIE.

Ma Bonne, il me semble vous avoir entendu dire que les préjugés tiennent comme la peau, & qu'il est presque impossible de les dépouiller entiérement.

Madem. BONNE.

Je ne m'en dédis pas, ma chère, & pour vous faire voir que j'ai raison des deux côtés à cet égard, il faut distinguer deux sortes de préjugés. Les uns que nous prenons sur des choses qui n'intéressent pas nos passions, & ceux-là, on s'en défait aisément ; mais pour ceux qui favorisent l'amour déréglé que nous nous portons, c'est une autre chose : ils s'enracinent d'une telle force qu'il faut une raison supérieure pour y renoncer. Je vais vous rendre ceci sensible

sible par un exemple. Je croyois étant enfant que les Juifs étoient faits d'une autre manière que les chrétiens, & peu s'en falloit que je ne pensasse qu'ils avoient des cornes. Ma nourrice me disoit à tout moment en parlant d'un homme laid, méchant, &c. il est laid comme un Juif, il est méchant comme un Juif. Devenue plus grande, on m'a dit qu'ils n'avoient rien qui les distinguât des chrétiens. Comme je n'avois aucun intérêt à rester dans mon premier sentiment, j'y ai renoncé sans aucune peine, je les aimois autant beaux que laids. Au contraire, j'ai entendu dire étant petite, cet homme est heureux parcequ'il est riche, qu'il passe sa vie à se divertir. Cette manière de parler a fait naître en moi un préjugé favorable pour les richesses & les plaisirs. J'ai crû que pour être heureux il falloit en jouïr. L'Evangile me dit le contraire; mais quoiqu'il le répéte cent fois, le préjugé subsiste, parceque mes passions font une ligue pour le défendre: je cherche à tordre les préceptes de l'Evangile, à les interpréter. J'employe toutes les forces de mon esprit à éluder, à affoiblir cette vérité; & ce n'est qu'après l'examen le plus répété, que je puis détruire le préjugé à cet égard.

Lady

Lady LOUISE.

Ma Bonne, je regardois les préjugés comme des choses de peu de conséquence, & je m'apperçois qu'ils sont l'origine de presque toutes nos sottises.

Madem. BONNE.

Ajoutés, Madame, & de tous nos crimes.

Lady SINCERE.

Ah ! ma Bonne, quel mot employés-vous là ! Vous ne faites pas des crimes, ni nous non plus. Il n'y a que les très-méchantes gens qui en font ; nous faisons des fautes, c'est bien assés.

Madem. BONNE.

Comme l'amour propre est attentif à écarter tout ce qui le blesse ! Eh bien, ma chère, conservés la bonne opinion que vous avés de vous-même ; pour moi, la vérité me force d'avouer que j'ai commis des crimes, & au péril de perdre votre estime, je veux vous en faire juge.

E 2 J'eus

J'eus le malheur dans ma jeuneſſe d'être impliquée dans un crime d'état. Le Roi qui régnoit alors, étoit le meilleur Prince du monde; mais il ne pouvoit en conſcience laiſſer le crime impuni. Je fus donc condamnée avec mes complices. Heureuſement, j'avois eu le bonheur de plaire à une Princeſſe que le Roi chériſſoit; cette Dame ſe jetta aux pieds du Roi pour demander ma grace, & ſacrifia une partie de ſon bien pour l'obtenir. Je fus d'abord fort touchée de ce bienfait, & j'aurois juré que j'étois prête à ſacrifier pour elle la vie qu'elle m'avoit ſauvée; inſenſiblement je me trouvai liée dans une ſociété ennemie de cette Princeſſe: cette ſociété étoit compoſée de gens aimables, & la converſation de ma bienfaitrice me paroiſſoit trop ſérieuſe pour une fille de mon âge; je trouvai qu'elle agiſſoit en tyran de vouloir que je me privaſſe de mes plaiſirs pour m'attacher à elle: inſenſiblement je la négligeai, je fis plus, ma chère; à force de me trouver parmi ſes ennemis, je pris peu à peu leurs ſentimens, & je meurs de honte en vous l'avouant: je me rangeai de leur parti contre celle à laquelle je devois tout.

Lady SINCERE.

Non, ma Bonne, vous n'avés point été capable de cette noirceur : vous avés voulu seulement voir ce que je dirois ; si je vous croyois capable d'une telle ingratitude, je vous fuirois comme un monstre.

Lady SENSE'E.

Pauvre Lady *Sincére*, vous êtes la dupe de l'allégorie de ma Bonne ; ne voyés-vous pas que ce crime d'Etat dans lequel elle a été impliquée, est celui d'Adam, que ce Roi si juste & si bon est Dieu, que cette personne qui sacrifie son bien pour la sauver, est Jésus-Christ dont elle veut nous faire croire qu'elle est devenue l'ennemie par la fréquentation du monde dont elle dit qu'elle a pris les sentimens & les maximes ?

Lady SINCERE.

Je l'avoue, Madame, j'ai été attrapée parceque j'ai la bonne coûtume de parler avant de penser, ou plûtôt de penser comme il faut. Mais est-ce donc là ce que ma Bonne appelle des crimes, qu'est-ce qui n'a pas cela à se reprocher dans sa jeunesse?

Madem. BONNE.

Et voilà un préjugé bien dangéreux, ma chère! Tous les honnêtes gens sont ingrats envers Dieu dans la jeunesse, donc ce n'est pas un crime. Comment, il n'y aura qu'envers le créateur qu'on peut être perfide sans se déshonorer. Si j'avois fait envers les créatures la millième partie de ce que j'ai fait contre mon Dieu, vous me regarderiés comme un monstre; je perdrois votre estime, mais je n'ai trahi que mon créateur, bon, c'est une bagatelle qui ne mérite pas votre mépris, tout le monde le fait. Quelle excuse, mes chers enfans! Concevés-vous à présent le danger des préjugés. Hélas! ce que je vous dis vous frappe en ce moment, vous l'oublierés bientôt; il a plû au monde d'établir qu'on pouvoit manquer impunément de parole & de fidélité à son Dieu: ce préjugé vous subjuguera comme mille autres tout aussi dangereux, à moins que vous ne preniés l'heureuse habitude d'examiner tout ce que vous croyés, à la lumiére de l'Evangile.

Miss

Miss CHAMPETRE.

Je conçois mieux que jamais, ma Bonne, l'importance de cet examen auquel je n'ai guére pensé jusqu'à ce jour. Je me flatte de croire bien des choses vrayes; mais j'avoue que je les crois comme je croirois des fables auxquelles on auroit donné un air de vraisemblance. Je n'ai qu'un petit embarras, ma Bonne; c'est que la vie à laquelle on veut m'assujettir, ne me laisse pas une minute pour faire cet examen: toutes ces Dames n'ont pas plus de tems que moi; il faut donc nous déterminer à passer pour singuliéres & ridicules si nous vivons autrement que les autres, ou à suivre bonnement les préjugés, du moins ceux qui sont établis parmi les personnes les plus raisonnables.

Madem. BONNE.

Voudriés-vous me dire ce que vous entendés par les personnes raisonnables, en connoissés-vous un grand nombre? Répondés-moi, Lady *Louise*?

Lady LOUISE.

Ce font à peu près toutes les perfonnes avec lefquelles je fuis liées ; graces aux foins de mes parens, j'en connois peu d'autres.

Madem. BONNE.

Cela ne nous apprend rien, ma chère ; j'en reviens à Mifs *Champêtre*, de laquelle j'exige une définition.

Mifs CHAMPETRE.

Il n'y a qu'une minute, ma Bonne, que j'aurois répondu à peu près comme Lady *Louife*; un inftant de réflexion m'a éclairée: on ne doit jamais appeller raifonnables que ceux qui fe conduifent abfolument par les lumiéres de la raifon; il en eft bien peu de ceux-là, & au lieu de dire que nous fuivrions les préjugés établies parmi les perfonnes raifonnables, je devois dire de celles qui font les moins folles.

Madem. BONNE.

Quelles reffources, ma chère, que l'acquiefcement aux lumiéres de ces fortes de gens,

gens, vous m'avés donné une définition !
En êtes-vous contente, Lady *Louise* ? Je
crois voir à votre mine que vous appellés
de ce jugement.

Lady LOUISE.

Oui, ma Bonne, je connois un grand
nombre de Dames qui ne font point folles
du tout.

Madem. BONNE.

Voilà encore un préjugé, ma chère ;
pour vous en convaincre, je vais tracer le
portrait d'une femme raisonnable. Je le
ferai d'autant plus volontiers que vous
touchés au moment d'entrer dans le grand
monde fur votre foi, & fans être guidées.
Ce nouvel état a des grands devoirs dont
vous devés être instruite, & dont l'accomplissement constitue la femme raisonnable.
Vous aurés quatre devoirs à remplir ;
celui de chrétienne dont je ne dirai rien
parceque vous vous en acquitterés fi vous
remplissés bien les trois autres. Vous aurés donc des devoirs comme époufes,
comme mères de familles, & comme femmes du monde. Je ne vous parlerai aujourd'hui

jourd'hui que du prémier, remettant les autres à la leçon suivante.

Une épouse raisonnable considérant que tout le bonheur de sa vie consiste à conserver le cœur & l'estime de son époux, doit tout mettre en usage pour y parvenir. Aujourd'hui, Mesdames, vous voyés ceux que vous devés épouser, tendres, soumis, attentifs, complaisans pour toutes vos volontés & même pour vos caprices; mettés vous bien dans la tête que votre régne expirera le jour de votre mariage, & que celui de vos amans devenus époux commencera.

Miss FRIVOLE.

Voilà ce qu'il ne m'est pas possible de me persuader. Si vous pouviés m'en convaincre, je ferois vœu de ne me marier jamais; mais Dieu merci, je n'ai rien à craindre. Mylord *William* est la complaisance même; soit que ce soit son naturel, soit que je l'y aye accoûtumé, il n'est pas possible qu'il change de maniére à mon égard; & je vous avoue que s'il le vouloit, je ne serois pas d'humeur à le souffrir.

Madem

Madem. BONNE.

Ayés donc l'attention, ma chère, de prévenir le ministre; sans doute il aura la complaisance de changer quelque chose à la formule du mariage. Ordinairement, on y fait promettre aux maris d'aimer leurs femmes, & aux femmes d'obéïr à leurs maris; on fera promettre au vôtre de vous obéïr, sans s'embarrasser de cette parole du Tout-Puissant à *Eve, tu seras sous la puissance de ton mari.*

Miss FRIVOLE.

Non, ma Bonne, je ne veux pas commander à mon mari; ce sera lui qui voudra bien se prêter à mes volontés, ou si vous voulés à mes caprices; il me la promis, il me la juré; il a même voulu en écrire la promesse.

Madem. BONNE:

Sur la feuille d'un chêne apparamment? & le prémier vent emportera la promesse. Pauvre enfant, que je vous plains, que vous serés misérable. Je gage que Miss *Zinna* ne pense pas comme vous?

Miss

Miss ZINNA.

Mylord ne m'a rien promis, & je jurerois presque sur la connoissance que j'ai de son caractére, que je serai la femme la moins contredite ; j'essayerai même à ne l'être jamais, car je ne voudrai que les choses qui lui feront plaisir.

Madem. BONNE.

Et vous réussirés par-là à le subjuguer, ma chère. Voilà le seul moyen d'assûrer notre régne dans le mariage; une complaisance continuelle ôte la force à un mari de se servir de ses droits. J'ai beaucoup d'estime pour votre futur époux, ma chère, & beaucoup de confiance dans vos promesses ; comptés pourtant que dans les mariages les mieux assortis & les plus heureux, il y a toûjours quelques difficultés, & que pour être heureuse dans cet état, une femme doit renoncer courageusement à ses goûts & à ses volontés pour se conformer à ceux de son époux.

Lady LUCIE.

Je conçois que ce sacrifice est aisé avec un homme qu'on estime & qu'on aime; mais

mais qu'il doit être dur de se sacrifier ainsi pour quelqu'un qu'on nous a donné contre notre goût, & qui n'a ni assés d'esprit ni assés de raison pour voir ce que vous faites pour lui, & vous en tenir compte.

Madem. BONNE.

Je crois être au milieu d'Athénes ou de Rome payenne lorsque j'entends raisonner ainsi. Qui vous dit, Madame, que c'est à votre mari qu'il faut sacrifier vos goûts & vos inclinations ? Qui veut vous persuader que vous trouveriés dans un attachement tout humain la force de persévérer dans le renoncement à vous-même ? C'est à votre devoir qu'il faudra vous sacrifier, ma chère. Dieu vous a commandé d'obéir à votre mari, ce sera pour lui obéir que vous soumettrés votre volonté. Si vous êtes animée par ce motif, que vous importera le reste ? Dieu n'est-il pas assés grand, assés riche, assés liberal pour recompenser votre fidélité à ses ordres ? Votre mari sera peut-être un brutal, un stupide, un hypocrite qui vous aura caché ses vices réels sous des vertus apparentes, mais tel que je le suppose Dieu a eu ses
vûes

vûes & ses desseins lorsqu'il a permis qu'il devint votre époux. Peut-être la patience à le supporter, étoit-elle pour vous le seul chemin du salut ; peut être la conversion de cet époux, est-elle attachée aux exemples de vertu que vous lui donnerés en supportant ses vices & ses mauvais traitemens. Souvenés vous qu'en qualité de pécheresse vous avés besoin de pénitence, & qu'aux yeux de la foi, un état qui offre de continuelles occasions de souffrir, est un état précieux. D'ailleurs, Madame, comme je vous l'ai dit, ne vous persuadés pas qu'un attachement purement naturel, pût vous fournir les forces suffisantes pour supporter les défauts du meilleur des époux ; il faut pour cela, comme pour toutes choses, une grace particuliére de Dieu : il ne la refuse jamais à celles qui la lui demandent, & qui cherchent à lui plaire en remplissant leurs devoirs; mais il confond celles qui ne cherchent qu'à plaire à la créature, en permettant qu'une affection dont il n'étoit pas le motif, disparoisse & fasse place au dégoût & quelquefois même à la haine.

Lady

Lady LOUISE.

Je n'ai pas le mot à répondre, ma Bonne. Oh Christianisme ! que tu es négligé, ignoré, peu considéré, peu pratiqué ! Tout ce que je vois, commence à me guérir d'un préjugé bien enraciné. Je me suis dit jusqu'à ce jour, mais bien bas, que votre doctrine étoit trop sevére ; que la jeunesse étoit le tems des honnêtes plaisirs, & non celui des réflexions ; que vous vouliés nous faire vieillir avant le tems. J'entrevois la nécessité de prendre ce parti. Ces plaisirs honnêtes absorfent le tems, & ne nous en laissent point pour reflêchir ; faute de réflexion, on se croit chrétienne parcequ'on ne compare pas sa façon de penser avec les maximes de l'Evangile ; faute d'être chrétienne, on devient criminelle & misérable. Que j'ai de regret, ma Bonne, au tems que j'ai perdu dans la dissipation, & que je suis bien déterminée à devenir avare des momens !

Miss FRIVOLE.

Comment pouvés-vous dire que vous n'avés pas refléchi suffisamment ? Je sais de votre cousine que vous employés le matin

tin & le soir une demi-heure à méditer; cela ennuye furieusement votre femme de chambre.

Lady LOUISE.

Savés-vous, ma chère, comment je passe cette demi-heure ? à vuider mon esprit de la comédie que j'ai vûe, du bal où j'ai été, ou de celui où je dois aller, des conversations que j'ai entendues &c. Tout cela fait un tel bruit dans ma tête que ma pauvre demi-heure est passée sans que j'aye rien fait. J'avouë pourtant de bonne foi que je l'employe moins mal à la campagne; ce qui sert encore à me convaincre, que qui veut méditer sur ses devoirs pour se mettre en état de les pratiquer, doit s'arracher à la dissipation dans laquelle on vit à notre âge. Ah! Lady *Sincere*, comme vous bailliés.

Lady SINCERE.

Je vous l'avoue, l'idée de cette retraite à laquelle vous voudriés nous assujettir, me donne des vapeurs ; mais que cela ne vous empêche pas de continuer, j'y sais un bon reméde, & je m'en servirai.

Madem.

Madem. BONNE.

Non, ma chère, notre leçon a été fort longue, & j'excuse votre ennui en votre faveur; nous moraliserons moins un autre fois.

TROISIÉME JOURNÉE.

Lady LUCIE.

Je suis venue avant ces Dames, ma Bonne; je souhaiterois de vous parler en particulier.

Madem. BONNE.

Je suis prête à vous écouter, ma chère.

Lady LUCIE.

Vous savés, ma Bonne, que je dépends absolument de moi, puisque Dieu m'a ôté mon père & ma mère, & que mon âge me dispense d'obéïr à ceux qui m'ont tenu leur place. Cette indépendance dans laquelle
je

je suis, me jette dans le plus grand embarras du monde. Il se présente pour moi un parti dix fois plus riche que je ne puis l'espérer ; c'est un homme d'une figure agréable, de bonnes mœurs & estimé de tous les honnêtes gens. Je me suis toûjours plû en sa compagnie, & je croyois avoir de l'amitié pour lui ; depuis qu'il s'est avisé de me demander en mariage, il me semble qu'il me déplait, & je trouve vingt raisons pour le refuser. Mon oncle souhaite ce mariage ; mais je n'ai aucune autre raison que celle de l'amitié pour déférer à ses conseils, & ce motif n'est point ce me semble suffisant pour me déterminer.

Madem. BONNE.

Voudriés-vous me dire un des motifs qui vous empêchent d'accepter ce parti ?

Lady LUCIE.

Je vous ai dit que j'avois vingt raisons ; elles disparoissent toutes quand je veux les saisir : je n'en trouve qu'une seule qui mérite d'être alléguée ; c'est que Dieu ne m'appelle point au mariage.

Madem.

Madem. BONNE.

Et qui vous le fait croire, ma chère?

Lady LUCIE.

Vous favés, ma Bonne, de combien de graces Dieu m'a comblé, l'attrait qu'il me donne pour la priére, la retraite, le penchant qu'il m'a donné à devenir la mère des pauvres. Il me femble fi je me marie que je me mets hors d'état de fuivre ces penchans ; j'ai toûjours préfente ces paroles de St. *Paul:* la vierge n'eft occupée que du foin de plaire à Dieu ; celle qui fe marie, fe partage entre Dieu & fon mari.

Madem. BONNE.

Votre confiance exige ma franchife ; mais il me faut beaucoup de courage pour vous parler comme je vais le faire. Je n'oferois décider tout d'un coup, fi Dieu vous appelle ou non à cet état de perfection dont parle St. *Paul:* la vocation commune eft le mariage, & on ne doit s'écarter des voyes ordinaires qu'après l'examen le plus mur ; mais j'ofe décider tout d'un coup

que

que ce désir d'une vie plus parfaite, n'est pas le vrai motif de la répugnance au mariage qu'on vous propose : vous en avés un autre au fond de votre cœur que vous vous cachés à vous-même ; vous aimés, ma chère amie, vous ne me l'avoueres pas, & je n'en serai pas moins convaincue de la vérité de ce que je vous dis.

Lady Lucie.

Quoi, ma Bonne, me croyés-vous capable de vous tromper au moment où je vous ouvre mon cœur ?

Madem. Bonne.

A Dieu ne plaise, ma chère, vous vous trompés vous-même, voilà tout. Voulés-vous lire dans le fond de votre cœur ? Demandés-vous de bonne foi, si vos idées de perfection ne disparoîtroient pas si la personne dont je parle vous demandoit en mariage.

Lady Lucie.

A quoi bon cette supposition ? Cet homme ne pense à moi, ni moi à lui :
j'avoue

j'avoue pourtant que si le cas arrivoit, ce seroit une tentation bien forte ; mais cela ne signifie pas que j'aye de l'amour pour lui. Dans le tems où mon salut m'occupoit moins que mon établissement, je m'occupois des qualités que je devrois chercher dans un mari pour être heureuse ; je ne vous cacherai point que je les ai trouvées dans le cavalier en question, & que si j'ai à me marier, je souhaite de trouver un mari qui lui ressemble.

Madem. BONNE.

Pauvre aveugle ! Savés-vous bien, ma chère, que de tous les hommes je n'en connois point de moins propre à vous rendre heureuse que celui-là ; que vous lui prêtés gratuitement les bonnes qualités que vous admirés en lui ; que le plus grand malheur qui pût vous arriver, seroit de devenir son épouse, & que cette sorte de répugnance que vous ressentés pour le mariage, je la regarderois comme une grace speciale de Dieu, s'il n'y avoit d'autre mari pour vous que celui-là ?

Lady

Lady LUCIE.

Ah ! ma Bonne, que vous le connoiſſés peu ! Mais je ne veux pas entreprendre de le juſtifier dans votre eſprit ; mon empreſſement à cet égard qui n'auroit d'autre principe que la juſtice, paſſeroit dans votre eſprit pour une preuve de la paſſion que vous me ſuppoſés pour lui.

Madem. BONNE.

J'en appelle à l'experience, ma chère ; c'eſt elle qui décidera entre vous & moi. Pour ce qui eſt du mariage qu'on vous propoſe aujourd'hui, il ne m'apartient pas de décider ſi vous devés l'accepter ou non. Si je ſuivois mon inſtinct, je ſerois plus hardie : il me paroît convenable ; mais vous m'allégués pour motif de votre refus le déſir de vous conſacrer à Dieu dans une vie plus parfaite : ce motif s'il eſt bien réel, eſt trop reſpectable pour que j'oſe vous rien dire pour vous diſſuader de votre deſſein. Voici pourtant ce que je vous conſeille de faire. A peine avés-vous vingt & un an : ce n'eſt point un âge propre à prendre une réſolution abſoluë. Allégués pour éluder une réponſe poſitive,

le

le grand âge & les infirmités de Monsieur votre oncle dont vous faites toute la consolation ; dites que vous ne voulés rien déterminer sur votre établissement avant vingt cinq ans ; employés ce tems à bien examiner votre cœur ; priés avec ardeur, afin d'obtenir de Dieu les lumiéres nécessaires pour vous déterminer ; livrés-vous dans le sécret à la pratique des bonnes œuvres, surtout au soulagement des pauvres ; mais gardés-vous d'annoncer une résolution dont vous pourriés vous répentir par la suite. Voici nos Dames, passés dans mon cabinet pour vous remettre un peu ; l'agitation de votre ame est peinte sur votre visage, & il ne faut pas donner occasion aux conjectures sur le sujet de notre conversation.

Lady LOUISE.

Ma Bonne, j'ai reçu ce matin une lettre de Lady *Sincere* qui vous est adressée ; elle m'a priée par un petit billet de vous la remettre en vous priant de la lire devant ces Dames : la voici.

Madam.

Madem. BONNE *lit la lettre.*

Mademoiselle,

„ On ne peut être plus pénétrée que je
„ ne la suis de toutes les bontés que vous
„ avés eu pour moi en me permettant
„ d'assister à vos leçons : je suis con-
„ vaincue qu'elles sont admirables, & je
„ souhaiterois avoir le courage de les pra-
„ tiquer ; mais je suis trop sincére pour
„ vous dissimuler mes sentimens : je les
„ trouve trop parfaites pour moi, & loin
„ d'avoir le courage de les suivre, je vous
„ avoue que je n'en ai pas même le désir ;
„ il y a plus, vous m'avés quelquefois
„ ébranlée par la force de vos raisons, je
„ crains d'être persuadée tout-à-fait ;
„ déjà je ne m'amuse plus avec la même
„ sécurité qu'auparavant ; j'éprouve des
„ remords au bal, quoi de plus ri-
„ dicule : car enfin, ces pauvres bals que
„ vous injuriés si fort, sont fort innocens
„ pour moi. Je n'ai chaque année que
„ quatre mois à passer à Londres : le
„ reste de l'année je suis confinée dans un
„ donjon d'où je ne sors que pour être en
„ bute aux contradictions de la plus insup-
„ portable gouvernante qui fût jamais ;
„ n'y

„ n'y auroit-il pas de la cruauté à m'ar-
„ racher aux plaisirs dans le court éspace
„ qui me reste pour les goûter ? Je le
„ répéte, ma Bonne, je n'en ai ni le cou-
„ rage, ni le désir. Au reste, je serois
„ fâchée que ces Dames pussent vous at-
„ tribuer ma désertion. Je confesse qu'il
„ n'y a pas de votre faute, & qu'on ne
„ doit accuser que moi de la sottise que je
„ fais ; car au fond je soupçonne que
„ c'est en une. Je suis avec la plus vive
„ reconnoissance, Mademoiselle &c. :..

Lady LOUISE.

Il faudroit pleurer d'une pareille lettre, & pourtant je ne puis m'empêcher d'en rire. Lady *Sincère* soutient son caractère, on ne peut pas mieux ; je vous dirai même, ma Bonne, que si on pouvoit excuser une telle sottise, elle mériteroit son pardon : car enfin, elle ne vous dit rien que de vrai ; cette insupportable furie dont elle vous parle dans sa lettre, ne lui donne pas un moment de répos : cette femme a tout-à-fait changé le caractère de ma pauvre amie qui eut naturellement été fort douce, mais le moyen de l'être dans une contradiction perpétuelle?

Miss CHAMPETRE.

Et pourquoi, Madame sa mère a-t-elle souffert qu'elle fût si fort maltraitée ?

Lady LOUISE.

Ah ! vraiement, Mylady a bien autre chose à penser qu'à cela ; elle passe toutes les nuits à jouer, se couche quand le Soleil se léve, & se léve en hivèr lorsqu'il se couche ; elle sait que cette gouvernante est une fort honnête femme, & elle croit que cela est suffisant : elle lui a donné une confiance si aveugle, que lorsqu'elle prend la liberté de dire un mot sur ses propres enfans, la gouvernante la querelle elle-même.

Madem. BONNE.

Voilà une bonne leçon pour vous, Mesdames ! Quand cette Lady étoit jeune, je sais qu'elle aimoit le jeu, & qu'elle répondoit à celles qui tâchoient de modérer cette passion en elle, c'est un amusement innocent. Est-il innocent ce jeu qui l'a empêché de veiller sur ses enfans ? Si leur
ca-

caractère s'est aigri, n'en est-elle pas coupable ?

Miss FRIVOLE.

Je remercie Dieu de ne m'avoir pas donné la passion du jeu ; je le déteste, & je ne conçois pas qu'on puisse y perdre tant de tems.

Madem. BONNE.

Et moi, je ne jurerois pas que vous ne devinsiés une joueuse. Savés-vous ce qui a précipité la Dame dont nous parlons dans cette malheureuse habitude ? L'ennui. Elle n'aime ni la lecture, ni le travail : elle est aussi naturellement fort indolente ; que faire pour tuer le tems ? jouer : on le fait d'abord avec dégoût, & peu à peu on s'y accoûtume tellement qu'on ne peut plus s'en passer. Au reste, Mesdames, je ne vous parlerois pas si librement des défauts de Mylady *** si ce n'étoit pas une chose publique ; c'est elle-même qui m'a appris l'origine de sa passion pour le jeu, & cette confidence, elle me l'a faite en présence de vingt personnes. Miss Be-
lette

lotte va nous continuer l'histoire de la Sainte Ecriture.

Miss BELOTTE.

Huit jours après la naissance de notre Sauveur, il fût circoncis & appellé Jésus. Quarante jours après, *Marie* sa mère, pour obéïr à la loi, le porta au temple, parcequ'il étoit écrit dans la loi : tout enfant mâle premier né sera consacré au Seigneur, & elle donna pour être offertes en sacrifice deux tourterelles. Il y avoit dans Jérusalem un bon saint vieillard, appellé *Siméon* ; il vivoit dans l'attente de la venuë de Jésus, c'est-à-dire, qu'il croyoit fermement ce que Dieu avoit prédit à ce sujet. Le St. Esprit qui étoit en lui, lui avoit révélé qu'il ne mourroit point qu'auparavant il n'eut vû le Christ. Il vint donc au temple par un mouvement du St. Esprit, & ayant pris le St. Enfant dans ses bras, il remercia Dieu de la grace qu'il lui faisoit, & protesta qu'il mouroit avec joye puisqu'il avoit vû le Sauveur. Ensuite, il prédit ce que Jésus devoit souffrir de la persécution des hommes, & avertit *Marie* que son ame seroit percée comme par une épée, à la vûë des souffrances de son fils. Il
vint

vint auſſi dans le temple une ſainte Veuve, nommé *Anne* ; elle étoit prophéteſſe & n'avoit vécû que ſept ans avec ſon mari. Quoiqu'elle eut alors quatre vingt quatre ans, ce grand âge ne l'empêchoit pas de demeurer ſans ceſſe dans le temple, ſervant Dieu jour & nuit dans les jeûnes & dans les priéres. Dieu pour recompenſer ſes vertus, lui donna comme à *Siméon* l'avantage de voir le Sauveur ; & elle parloit de lui à tous ceux qui attendoient la rédemption d'Iſraël.

Lady MARY.

Ah ! ma Bonne, que je ſuis fâchée de n'avoir pas vécû dans ce tems, & de ne m'être pas trouvée dans le temple ! Je crois ſi j'avois eu le bonheur de tenir dans mes bras le St. Enfant Jéſus, que j'aurois eu bien de la peine à le rendre à *Marie*. Que la Ste. Vierge étoit heureuſe d'être toûjours avec lui !

Madem. BONNE.

Avec quel courage, Lady *Mary* nous dit-elle cela ! Mais, ma chère, qu'auriés-vous vû alors ? un petit enfant, foible, pauvre,

pauvre, qu'il falloit une grande foi pour réconnoître en lui le créateur du ciel & de la terre. Cette foi qui le découvrit à *Siméon* & à la sainte Veuve, étoit une suite de la sainteté de leur vie. Devenés une Sainte, ma chère *Mary*, alors vous aurés cette foi vive qui vous rendra comme présens ces saints mystéres.

Lady MARY.

Oui, ma Bonne, je veux être une Sainte; dites-moi bien vîte ce qu'il faut faire pour cela. Je vous donne ma parole d'honneur que je le ferai aussi-tôt.

Madem. BONNE.

Rien de plus aisé, ma chère enfant. Imités Jésus, & vous serés une Sainte.

Lady SOPHIE.

Cela n'est pas possible, ma Bonne. Jésus étoit Dieu, & pouvoit par conséquent faire bien de choses que nous ne pouvons pas imiter.

Madem.

Madem. BONNE.

S'il étoit Dieu, Madame, il étoit aussi homme, parfaitement semblable à nous, excepté dans le péché. Il avoit comme nous des besoins; il étoit comme nous exposé aux souffrances de la vie.

Miss BELOTTE.

Ne pourroit-on pas dire qu'il avoit bien plus de force que nous pour les supporter?

Madem. BONNE.

Vous verrés, ma chère, dans la suite de son histoire, qu'il s'est revêtû de toutes nos foiblesses; il suspendoit, pour ainsi dire, les effets de sa divinité, & faisoit un miracle perpétuel pour pouvoir souffrir.

Lady SENSE'E.

Permettés-moi, ma Bonne, de vous faire une objection qui me vient tout présentement. Pour un homme courageux, la faim, la soif, le froid, le chaud, & les autres peines corporelles, ne sont pas très-difficiles à souffrir; ce sont ce me semble, les peines que nous donnent nos paffions qui font les plus infupportables, or les paffions de la fainte ame de Jéfus étant réglées, il n'avoit pas à les combattre. Il étoit dans une état pauvre & abject; mais cette fituation n'humilie que les orgueilleux: la faine raifon même nous apprend que ces états vils aux yeux des ftupides n'ont rien de bas, & qu'ils doivent nous humilier puifqu'ils ne font pas des crimes.

Madem. BONNE.

Votre remarque eft très-jufte, Lady *Senfée*; mais en décidant avec raifon que la pauvreté & l'obfcurité ne doivent point faire rougir une ame raifonnable, vous avouès que le crime & le péché, que leur apparence même mérite le mépris. Or Jéfus ne s'eft pas contenté de paroître pauvre; il a bien voulu être confondu dans la claffe des hommes criminels. La circoncifion étoit la marque du péché, & par conféquent Jéfus ne pouvoit être foumis à cette loi; il l'accomplît cependant. Il s'étoit chargé de nos crimes, il veut bien paroître pécheur. *Marie* fuit les traces de fon fils. La loi de la purification, comme

le

le porte le mot, n'étoit que pour les femmes impures, & qui mettoient au monde des enfans souillés de péché : cette loi n'étoit donc pas faite pour elle ; mais l'exemple de son Dieu ne lui permet pas de chercher à se distinguer des autres femmes : son fils se range parmi les pécheurs ; elle se hâte de prendre place parmi les mères souillées. Quel exemple pour nous qui cherchons sans cesse à nous distinguer ! Je reviens à Lady *Mary* & à vous toutes, Mesdames. Voulons-nous devenir Saintes, imitons notre Sauveur dans toutes les circonstances de sa vie en commençant par celle-ci. Jésus s'offre lui-même à son père, & cette offrande est faite avec obéissance, sans retour & sans partage. Avec obéissance, il attend le tems fixé par la loi pour la faire sans partage, c'est-à-dire, qu'il se consacre à Dieu tout entier. Enfin, son offrande est sans retour. Il ne la rétractera dans aucune des circonstances de sa vie, quelques pénibles qu'elles soient à la nature. Au reste, Mesdames, remarqués que le corps de Jésus étoit plus sensible à la douleur que les nôtres. La physique nous apprend que le dégré de sensibilité dépend de la perfection de nos organes. Or le sacré corps de Jésus étant formé par le St. Esprit même, étoit le plus parfait de tous les corps, & par conséquent le plus sensible.

Lady VIOLENTE.

Je vous prie, ma Bonne, de me dire ce que veulent dire ces paroles de *Siméon* : *Cet enfant sera en bute à la contradiction*, & en parlant à *Marie*, *votre ame sera percée comme par une épée.*

Madem. BONNE.

Miss *Belotte* nous l'a fait remarquer, ma chère ; *Siméon* prédit à *Marie* les souffrances & la mort de son fils.

Lady VIOLENTE.

Je suppose qu'elle ne comprit pas le sens de cette prédiction ; il eut été trop cruel de l'affliger d'avance.

Madem. BONNE.

Et moi, je suppose qu'elle le comprit pour deux raisons. La premiére, c'est que celle que l'ange avoit saluée pleine de grace, étoit aussi pleine de lumiére, & par conséquent devoit entendre les prophéties

phéties qui annonçoient si clairement la mort & les souffrances du Sauveur. La seconde, c'est que Jésus aimoit trop sa mère pour lui retrancher l'occasion d'un sacrifice héroïque, & le moyen de pratiquer les plus grandes vertus. Il ne lui avoit refusé les biens terrestres que pour la combler des richesses spirituelles; or les souffrances sont la vraye fortune des ames saintes parcequ'elles leurs sont des moyens continuels d'offrir à Dieu le sacrifice de leur être, de se soûmettre à ses ordres, de lui demander son secours. Cette richesse n'a point manqué à *Marie*; pleine de la prédiction du saint vieillard, elle ne reprend la victime qu'elle vient d'offrir à Dieu que comme un dépôt, & pour la mettre en état d'être sacrifiée: elle voit par les yeux de la foi les gouttes du lait qu'elle lui fait sucer, se changer en autant de gouttes de sang qui couleront à ses yeux sur la croix. Une réflexion à ce sujet, Mesdames. Jésus-Christ a dit de lui-même, qu'il falloit qu'il fût crucifié pour entrer dans la gloire. Cette gloire qu'il acquiert par tant de souffrances, il ne la donne pas pour rien à sa mère & à ses amis; comment donc prétendons-nous l'acquérir, nous qui sommes si délicates, qui jettons les hauts cris pour un mal de dens, qui nous impatientons à la perte la plus legére ? Ah ! Mesdames, loin de craindre les maux qu'il plaira à la divine providence de nous envoyer, tremblons lorsque tout nous réussit, & conjurons le Seigneur de ne nous pas traiter autrement que ceux qu'il a le plus aimés ! Lady Mary, que ferés-vous pour profiter de cette leçon ?

Lady MARY.

Je m'offrirai à Dieu tous les matins en union avec Jésus pour souffrir tout ce qu'il voudra m'envoyer dans la journée, & quand je sentirai quelque mal ou quelque contradiction, je dirai : je vous remercie, mon Dieu, de me donner vous même la monnoye dont vous voulés que j'achete le ciel.

Madem. BONNE.

Je vous exhorte toutes, Mesdames, à prendre une pareille résolution. Vous avés toutes l'air assés consterné : cette façon d'entrer dans la gloire, n'est pas fort de votre goût ; mais soit que vous vous soumettiés ou non à la volonté de Dieu,

Dieu, il faudra toûjours souffrir : faites-le donc de bonne grace. Pour vous reveiller un peu, je vais finir l'histoire de la jardinière.

Le Marquis ravi de l'espérance d'obtenir *Marianne*, parût bientôt dans une meilleure situation, & au bout de huit jours, les médecins annoncèrent qu'il étoit absolument hors de danger. Madame *Rollin*, sa fille, la Marquise & le Commandeur, n'avoient presque point quitté sa chambre; les deux premiéres parloient peu, mais toûjours à propos. Le neuviéme jour, Madame *Rollin* supplia la Marquise de lui permettre de se retirer, puisque la santé de Monsieur son fils alloit lui laisser la liberté de quitter le lit, & que la décence ne lui permettoit plus de laisser sa fille avec lui lorsqu'il seroit convalescent. Elle ne dit pas un mot qui pût faire croire qu'elle se souvenoit des conditions auxquelles elle étoit venue; nouveau sujet d'admiration pour le Commandeur & de frayeur pour le malade. Il pria Madame *Rollin* de permettre à *Marianne* de s'approcher de son lit pour lui dire adieu, & ayant obtenu cette grace, il prit la main de cette aimable fille, jura en présence du ciel & de la terre qu'il n'auroit jamais d'autre épouse

épouse qu'elle, & lui mit au doigt une bague d'un grand prix. *Marianne* voulut la lui rendre ; mais sa mère lui fit signe de la garder, & pria la Marquise de donner ses ordres pour les faire ramener chés elle.

Je ne vous ai point parlé de ce qui se passoit dans le cœur de cette femme hautaine. A mésure que le danger de son fils diminuoit, elle s'étoit laissé aller à tout le dégoût d'une pareille alliance : enfin, elle crût pouvoir accommoder ce qu'elle devoit à sa parole & à son orgueil. J'ai promis, dit-elle au Commandeur, que mon fils épouseroit cette petite créature ; mais je n'ai point fixé le tems : il l'épousera s'il veut après ma mort ; mais qu'il ne se flatte pas de le faire auparavant.

Le Commandeur fût outré d'une pareille équivoque, & regarda comme une insulte pour lui, le délai qu'on vouloit apporter à l'accomplissement d'une parole qu'on lui avoit fait porter. Madame, dit-il à la Marquise, il faut faire honneur à vos engagemens, ou vous résoudre à passer dans mon esprit pour la dernière de toutes les femmes : vous dédaignés l'alliance d'une jardinière, & moi, je vous proteste que je ne vous trouve pas digne d'elle,

&

& que je craindrois qu'elle ne réfusa de vous appartenir, si elle savoit qu'abusant de la confiance qu'elle a eu dans votre probité, vous cherchés des détours pour éluder une promesse qu'elle auroit pû dicter de la maniére la plus avantageuse pour elle, puisqu'elle avoit votre blanc signé & le mien ; pour moi, je vous déclare que je ferai son protecteur, & que je publierai par toute la terre la noblesse de son procédé, & la bassesse du vôtre.

La Marquise, comme je vous l'ai déjà dit, Mesdames, avoit le cœur droit ; mais son orgueil offusquoit ses lumiéres naturelles : elle fût frappée des justes reproches du Commandeur, & le laissa le maître de terminer cette affaire, pourvûqu'elle n'en entendit plus parler. Le Commandeur annonça cette bonne nouvelle à son neveu qui étant déjà bien rétablit, conjura son oncle de le conduire à Vincennes. Le Commandeur s'adressant à Madame *Rollin*, lui dit qu'il venoit lui rénouveller la demande de sa fille pour le Marquis, & qu'il étoit prêt à passer le contract de mariage le jour même. Madame *Rollin*, sans paroître émûë, lui dit : je vous conjure, Monsieur, de ne point attribuer à l'orgueil ce que je vais avoir l'honneur de vous

vous dire : je sens toute la différence qu'il y a du Marquis à *Marianne*; mais puisque Madame la Marquise la trouve digne de devenir sa belle-fille, elle ne peut trouver mauvais que cette enfant compense par la plus exacte décence, ce qui lui manque du côté de la fortune. Vous savés mieux que moi, Monsieur, les usages en pareils cas ; il ne conviendroit pas que le contract fût passé dans l'absence de Madame, & il conviendroit encore moins que nous fussions soupçonné d'avoir été mandier cet honneur qui tout grand qu'il est, ne pourra jamais nous engager à faire une bassesse : ainsi j'espére que Madame la Marquise voudra bien me faire l'honneur de venir me demander ma fille qui toute pauvre qu'elle est, m'est trop chère pour souffrir qu'elle soit exposée à des justes reproches.

Lady SOPHIE.

Oh ! pour le coup, ma Bonne, Madame *Rollin* me paroit une impertinente qui abuse de la foiblesse du Marquis.

Madem.

Madem. BONNE.

La Marquise pensa comme vous, ma chère; mais ce ne fût pas l'avis du Commandeur. Il est des usages décens dont il n'est pas permis de s'écarter; un de ces usages, est qu'une honnête fille doit être recherchée, & ne doit pas se jetter à la tête. La sagesse donne ce droit à la plus pauvre. D'ailleurs, Madame *Rollin* vouloit s'assûrer du consentement libre de la Marquise, & n'eut pas voulu pour tout au monde mettre sa fille dans une famille où elle eut été méprisée. Cette demande étoit donc la pierre de touche par laquelle elle vouloit éprouver le cœur d'une femme qu'elle connoissoit fort haute. Effectivement, la Marquise jetta feu & flamme lorsque le Commandeur lui proposa d'aller elle-même à Vincennes pour faire réussir un mariage dont elle avoit une véritable horreur: elle protesta qu'elle ne feroit jamais une démarche qu'elle regardoit comme une bassesse; tout fût tenté pour la fléchir, tout fût inutile. Le pauvre Marquis dont le cœur étoit déchiré, plus par le chagrin qu'il donnoit à sa mère, que par son amour, quelque violent qu'il fût, se jetta à ses pieds: Ah! Madame, lui dit-

dit-il, que ne me laiſſiés-vous mourir! Falloit-il ne conſerver mes jours qu'aux dépens du repos des vôtres! Et qui vous empêche de lever l'obſtacle qui s'oppoſe à ma tranquillité? lui répondit la Marquiſe; renoncés à un projet qui nous déshonore: payés de la moitié de mon bien le ſervice que ces femmes nous ont rendu, & ne ſouillés point la ſource de votre ſang en l'alliant à une famille ſi baſſe. Madame, lui dit le Marquis, je ne vous diſſimule point que j'adore *Marianne*, que tout le bonheur de ma vie dépend de mon union avec elle; mais ſi par impoſſible, l'indifférence, le dégoût même ſuccedoit dans mon cœur à l'amour que je ſens à ce moment pour elle; ſi je brûlois des mêmes feux pour une autre, je ne vous preſſerois pas moins de me permettre de ratifier aux pieds des autels le ſerment que je lui ai fait d'être à elle. J'ai perdu la liberté du choix au moment où j'ai donné ma parole. Victime de mes engagemens, je pourrois mourir de douleur de m'être mis dans la néceſſité de les remplir; mais je ne pourrois ſurvivre à la honte d'y manquer. Si vous m'y forcés, j'irai cacher ma honte dans des terres étrangéres, & l'exil le plus rigoureux me paroîtra pré-
férable

férable à l'ignominie dont je me couvrirois en vous obéïssant.

Le désespoir étoit peint sur le visage du Marquis, avec tant de force que sa mère dont la tendresse pour lui étoit encore plus forte que la fierté, recommença à en craindre les effets, & surmontant enfin sa répugnance, promit de faire le lendemain ce qu'on exigeoit d'elle. Sa résolution ne pût tout-à-fait remettre le calme dans l'ame du Marquis, & il ne se consoloit que dans l'espoir de voir les vertus de *Marianne* triompher des préjugés de la Marquise. Le Commandeur avertit lui-même Madame *Rollin* de la visite que lui feroit la Marquise, & se chargea du soin de faire venir son Notaire à Vincennes. Quel jour pour la Marquise! Ses femmes eurent toutes les peines du monde à l'engager à se parer; & si elles réussirent à la couvrir de pierreries, ce ne fût que parceque la pauvre Dame étoit si occupée de sa douleur, qu'elle ne voyoit rien de ce qui se passoit autour d'elle. Jamais nôces ne furent préparées d'un air aussi lugubre, & quoique le Commandeur s'efforça par des discours intéressans à retirer sa sœur & son neveu de leur rêveries, il n'en pût tirer que des monosyllabes. Le carrosse arriva

riva enfin à la porte de Madame *Rollin*, & sans doute il étoit attendu, car le frère de *Marianne* se présenta à la portiére pour donner la main à la Marquise. C'étoit un garçon de dix-huit ans, fait comme on peint l'amour, mais qui paroissoit timide sans pourtant être gauche. Son habit étoit simple & honnête, ce que la Marquise n'eut peut-être pas regardé si elle n'eut été frappée d'une épée que ce jeune homme portoit, & dont la garde étoit d'or. Oh ciel ! dit-elle en elle-même, voilà ce que j'avois prévû & craint : mon extravagant fils va vouloir tirer du néant toute cette canaille, & se donnera un ridicule affreux ; ne commence-t-il pas par donner un air de Seigneur à ce manant ? Elle n'eut pas le tems de faire de plus longues réflexions ; elle étoit déjà dans la maison où *Marianne* plus parée de ses graces que d'un habit de ville fort propre, se jetta à ses pieds avec un air si charmant, qu'entrainée par un mouvement machinal, la Marquise la réleva & l'embrassa assés tendrement. Elle salua ensuite une Dame de qualité de sa connoissance qui étoit là avec sa fille, & qui lui apprit qu'étant voisines & amies de Madame *Rollin*, elles avoient consenti avec plaisir

plaisir à être témoins de la justice que le sort rendoit enfin à la belle *Marianne*. Le nom de Madame *Rollin* réveilla tout l'orgueil de la Marquise, & la jardinière qui étoit savante dans l'art d'interprêter les mouvemens du visage, connût fort bien ce qui se passoit dans le cœur de cette Dame. Elle dissimula ses remarques, & offrit de bonne grace une collation assés bien entenduë dont la Marquise fit encore honneur à son fils. Pendant ce leger répas, cette Dame ne pût s'empêcher d'admirer la propreté & le goût d'un ameublement fort simple, & ayant vû un clavessin proche une fenêtre, elle saisit cette occasion de dire un mot, car elle étoit fort embarrassée de sa contenance. D'où vous vient ce clavessin, dit-elle à la jardinière ? & quel usage en faites-vous ? Il nous délasse de nos occupations champêtres, dit Madame *Rollin*, & si vous voulés bien le permettre, mes enfans s'efforceront de vous amuser quelques instans: La Marquise qui s'attendoit à une espéce de charivari, eut pourtant la complaisance de consentir par une inclination de tête à ce qu'on lui demandoit. Le jeune jardinier tira d'un etui un violon, & sa sœur s'étant mise au clavessin, enchanta tellement

la

la Marquise par la beauté de sa voix & le goût de son chant, qu'elle oublia dans ce moment qu'elle alloit être sa belle-fille, & ne vit plus en elle qu'une créature toute accomplie. L'attention qu'elle lui donnoit, ne fût troublée que par la délicatesse des sons que le fils tiroit de son violon, & à peine, ce petit concert fût-il fini qu'elle embrassa de nouveau *Marianne*, & lui demanda par quels moyens elle avoit pû ajoûter toutes les perfections de l'art aux dons de la nature? Voilà notre maîtresse, Madame, lui dit *Marianne*, en lui montrant sa mère: elle n'a rien négligé pour mettre en usage nos petits talens; je lui dois celui de la musique & celui de la peinture, & je serai suffisamment payée des peines que m'ont couté le peu que je sais, si vous voulés bien accepter un foible effet de mon zéle plûtôt que de ma science. En même tems, elle présenta à la Marquise une mignature où cette Dame étoit si parfaitement peinte qu'elle se récria d'admiration. Elle reçût le présent avec reconnoissance. Tant de perfections réunies dans la mère & les enfans commençoient à subjuguer son orgueil; mais ce n'étoit là que le prélude des surprises qu'on lui avoit ménagés. Elle fût
priée

priée de passer dans un petit salon qui étoit de plein pied à la chambre où elle étoit; les murailles en étoient ornées de païsages qui auroient fait honneur à des artistes fameux. A l'extrémité de cette salle, elle vit un métier monté de satin blanc sur lequel elle crût appercevoir des guirlandes des mêmes fleurs qui brilloient dans le jardin. Tant l'art avoit imité la Nature. Ah! c'en est trop, dit-elle; Madame *Rollin* est-elle une fée qui se cache sous la figure d'une jardinière? Non, Madame, lui répondit la jardinière; tout ce qui me distingue des personnes de mon état, est une excellente éducation : c'étoit le seul héritage que je pûsse laisser à mes enfans, & je n'ai rien épargné pour la leur communiquer. Le Notaire qui entra, interrompit une conversation qui alloit devenir tres-interessante.

Lady MARY.

Je vous demande pardon, si je fais comme le Notaire; mais vous ne nous dites rien du Marquis : que pensoit-il de tout cela?

Madem.

Madem. BONNE.

Il étoit dans un efpéce d'extafe, non qu'il fût furpris des perfections de fa maitreffe; au moment qu'on donne fon cœur, on fuppofe toutes les vertus, tous les talens & tout ce qu'il y a d'admirable dans la perfonne qu'on aime : par conféquent tout lui paroiffoit fort naturel dans ce qu'il voyoit; mais il étoit enchanté de l'effet que cela produifoit fur fa mère dont l'admiration n'étoit point équivoque.

Mifs CHAMPETRE.

Permettés-moi de vous faire deux queftions, ma Bonne. Comment une perfonne fenfée, peut-elle fuppofer des perfections & des talens où il n'y en a pas ? A quoi fervent les talens réels, puifqu'un amant vous les fuppofe & vous en tient quitte ?

Lady VIOLENTE.

Aurès-vous bien le courage, ma Bonne, de nous faire deux differtations à l'endroit le plus intéreffant de l'hiftoire ? En tout autre tems j'aime les réflexions de Mifs
Cham-

Champêtre ; mais à préfent je pourrois la battre de fon indifférence pour le denouëment.

Madem. BONNE.

Vous avés tort toutes deux, Mefdames, & moi, je fuis charmée que vous ayés tort aujourd'hui, pour éviter de l'avoir en pareil cas le refte de votre vie. Oui, ma chère *Champêtre*, il y a de la cruauté à fufpendre le plaifir de toute une compagnie pour votre fatisfaction particuliére ; fouvenés-vous une autrefois de remettre vos queftions jufqu'après le denouëment. Et vous, Lady *Violente*, apprenés à modérer vos défirs lorfque vous vous trouverés avec quelque perfonne qui fe fouciera moins de votre plaifir que du fien propre ; elle fait en cela une fottife, pourquoi voulés-vous l'imiter ? D'ailleurs, nous fommes convenues que chacune diroit librement fon avis, & nous cherchons à nous inftruire avant de nous amufer. Je vais pourtant condefcendre à votre foibleffe, & je ne répondrai à Mifs *Champêtre* qu'après avoir fini mon hiftoire.

Le Notaire étant entré, on fe raffembla dans la première chambre où la Marquife reprit

reprit une partie de fa mauvaife humeur.
L'impreffion du premier moment fe diffi-
poit. *Marianne* eut été une fille adorable
fi elle n'eut point été deftinée à être l'époufe
du Marquis ; mais la beauté, les talens,
les vertus mêmes, n'éffaçoient pas la petite jardinière, & elle ne voyoit plus qu'elle.
Le Notaire commença par étaler tous les
titres du Marquis qui lui furent dictés exactement par le Commandeur qui en avoit
fait une note. Une page & demie en
fût remplie. Il fe tourna enfuite vers Madame *Rollin* à laquelle il demanda le nom
du père de fa belle enfant. (Ce fût ainfi
qu'il la nomma de peur de profaner le titre
de Demoifelle.) Madame *Rollin* d'un air
froid, lui dit : *Antoine*, Comte de la Monneville, Colonel du régiment de Poitou.
Le Notaire remit fes lunettes pour régar-
der la jardinière depuis les pieds jufqu'à la
tête ; puis les remettant fur la table, il lui
dit gravément : Ma chère Madame, nous
avons un arrêt du confeil du Roi qui défend
fous de très-groffes peines de prendre dans
un acte public des titres qu'on n'a pas réellement. Quoi, s'écria la Marquife, feriés-vous l'époufe du Comte de Monneville avec lequel j'ai été liée dans mon en-
fance de l'amitié la plus étroite ? Oui,
Ma-

Madame, répondit la jardinière, & de plus, cette Mademoiselle *des Aunais*, avec laquelle vous avés passé quelques années à St. Cyr, à laquelle vous aviés juré une tendre amitié, & que vingt ans d'absence n'ont effacé de votre mémoire que parceque vous l'aviés bannie de votre cœur. La Comtesse de Monneville ne pût continuer ; la Marquise avoit volé dans ses bras, qu'elle ne quitta que pour arracher les diamans dont elle étoit parée pour en orner la tête de *Marianne*. Le Commandeur s'applaudissoit d'avoir agi avec tant de respect pour la jardinière, qu'il n'avoit point d'excuse à faire à la Comtesse. Le Marquis fût le moins ému. *Marianne* Comtesse, bergére, Reine, étoit pour lui la même chose. On acheva le contract que la Marquise signa d'aussi bon cœur que le fit son fils. Ensuite, toute la compagnie pria la Comtesse de vouloir bien lui faire part des événemens qui l'avoient métamorphosée en jardinière ; elle ne se fit pas prier pour le faire, & dans les leçons suivantes je continuerai son récit qui est assurément une des choses les plus utiles dont je puisse vous entretenir.

Miss BELOTTE.

Ma Bonne, cette charmante histoire est-elle vraye ?

Madem. BONNE.

Je ne puis vous en rien dire, ma chère; elle est du moins vraisemblable, & a été donnée au public par une Madame *de Villeneuve* que j'estime beaucoup sans la connoître. On n'a pas rendu justice à son ouvrage ; on dit qu'il est mal écrit.

Miss CHAMPETRE.

Dieu merci, je n'ai pas l'esprit assés délicat pour être si difficile : assurément, j'aime un beau stile ; mais c'est pourtant la moindre des qualités que j'estime dans un auteur : pourvû qu'il me donne du bon, de l'agréable, je le tiens volontiers quitte du reste.

Madem. BONNE.

Ah ! flateuse, vous cherchés à me cajoler parcequ'on m'accuse de négliger beaucoup le stile lorsque j'écris ; peut-être, ce défaut-

défaut-là m'eft-il naturel, peut-être a-t-il fa fource dans ma pareffe, peut-être auffi doit-on en accufer mes occupations ; quoiqu'il en foit, & amour propre à part, je fuis de votre goût, & Madame *de Villeneuve* qui apparemment écrit comme moi, m'amufe tellement que je n'ai pas le tems de lui faire un procès fur l'arrangement de fes mots.

Lady LOUISE.

Vous êtes bienheureufe, ma Bonne ; pour moi, j'avoue bonnement qu'un livre bien écrit m'enléve : c'eft pour cela que je lis tous les ouvrages de *Voltaire* ; on m'en a promis un ce foir qu'on dit être charmant : il fe nomme *Candide*.

Mifs FRIVOLE.

C'eft le plus charmant livre du monde ; Lady *Sincere* me l'a prêté.

Madem. BONNE.

Vous êtes bien imprudentes, Mefdames, de dire cela devant nos enfans ; pour moi qui fuis vieille & qui en cette qualité peut avoir des priviléges qu'on n'a pas à votre âge, je vous avoue que j'ai fermé le livre à la sixiéme page, & que pour tout l'or qui est en Angleterre, je ne voudrois pas le lire.

Miss FRIVOLE.

Et pourquoi donc, ma Bonne ? Il y a très-peu de mauvais dans ce livre, & ce mauvais ne me fait point d'impression; cela entre par une oreille & sort par l'autre.

Madem. BONNE.

Vous me demandés, pourquoi je ne veux pas lire ce livre & ses semblables ; le voici, Madame : c'est que je ne veux pas m'exposer à aller en enfer.

Lady LOUISE.

Ah ! ma Bonne, vous êtes trop sevére : j'avoue qu'il vaudroit mieux ne pas lire ces sortes d'ouvrages; mais je ne saurois croire qu'on s'expose à être damné en les lisant.

Madem. BONNE.

Que vous êtes peu instruite de la divine loi que vous devés pratiquer ! Dites-moi, ma ma chère, le dixiéme commandement, ne défend-il pas les mauvais défirs & les mauvaises penſées par conſéquent ? Qu'eſt-ce qu'une mauvaiſe penſée ? C'eſt une attention volontaire à une action contre la chaſteté. Or les livres dont nous parlons, ne ſont remplis que du récit des actions criminelles des acteurs qu'on nous peint dans ces écrits: vous ne pouvés pas dire que votre eſprit ne s'arrête pas volontairement à conſiderer ce tableau d'actions criminelles ; cette attention par elle-même eſt un crime, & ce crime en entraîne un infinité d'autres. Miſs *Frivole* dit, que cela lui entre par une oreille & ſort par l'autre ; qu'elle me pardonne, ſi je lui dis que je n'en crois pas un mot, que je ſuis même ſûre qu'elle ſe ſouvient par préférence des mauvais endroits, & qu'ils ne s'éffaceront jamais de ſon cerveau. Dire qu'elle peut lire ces ouvrages ſans en recevoir des mauvaiſes impreſſions, c'eſt nous aſſûrer qu'elle peut tenir ſa main dans le feu ſans la brûler, qu'elle peut toucher de la poix ſans ſe ſalir, & de l'encre ſans ſe noircir. Et moi, je vous dis que je tremblerois pour le ſalut d'une perſonne qui mourroit en liſant ces livres, que je la regarde comme n'ayant aucun amour pour Dieu, puiſqu'elle s'expose à l'offenser pour un plaisir d'un moment. Je vous en dirois d'avantage, Mesdames ; mais je respecte ces enfans. Souvenés-vous seulement que de cent filles qui se perdent, il y en a quatre-vingt dix dont la ruine a son origine dans de mauvaises lectures, & que celles qui veulent se conserver sages, ne doivent jamais lire aucun livre sans avoir demandé conseil à quelque personne éclairée & vertueuse.

Lady VIOLENTE.

Ma Bonne, on m'a prêté la vie de *Socrate* ; je la lûs toute entiére hier au soir : je ne savois pas qu'il falloit consulter avant de lire un livre ; mais une autrefois je le ferai.

Madem. BONNE.

Et qui vous avoit prêté ce livre ?

Lady VIOLENTE.

En allant à la promenade, je l'ai vû sur le banc du portier ; comme les doigts me démangent si-tôt que je vois un livre, j'ai ouvers celui-là, & j'ai prié cet homme de me le donner pour quelques heures.

Madem.

Madem. BONNE.

Vous avés commis une grande faute, ma chère; quel malheur si c'eut-été un mauvais livre! Une autrefois n'en lisés aucuns sans demander permission à votre Maman, & recevés une pénitence de votre curiosité. Je vous condamne à nous dire ce qui vous a le plus frappé dans la vie de *Socrate.*

Lady VIOLENTE.

Il faut donc vous la répéter d'un bout à l'autre; tout m'y paroit admirable.

Madem. BONNE.

Cela nous fera perdre le fil de l'histoire Romaine; mais cela nous importe peu: quand nous serons au tems de *Socrate* dans l'histoire ancienne, nous le connoîtrons d'avance.

Lady VIOLENTE.

Socrate étoit fils d'un sculpteur & d'une sage femme; il étoit aussi méchant qu'il étoit laid, & sa laideur étoit choquante.

Miss FRANCISQUE.

Ce n'étoit donc pas ce *Socrate* qui avoit une méchante femme ? Celui-là étoit à ce que je crois le plus honnête homme du monde.

Lady VIOLENTE.

Voilà ce que c'est d'interrompre les gens mal à propos ; on ne sait ce que l'on dit : si vous m'eussiés écoutée jusqu'au bout, vous auriés vû que c'étoit le même homme.

Madem. BONNE.

Voilà ce que c'est de suivre en tout le mouvement de ses passions ; si Lady *Violente* s'étoit accoûtumée à réprimer les siennes, elle n'eut pas brutalisée mal à propos une pauvre enfant que son amitié pour *Socrate* a forcé à l'interrompre dans un premier mouvement.

Lady VIOLENTE.

Je ne répondrai qu'un mot à cela, c'est que je ferai tous mes efforts pour me corriger comme fit *Socrate*. Oui, ma chère Miss *Francisque*, ce *Socrate* quand il étoit petit,

petit, étoit fort méchant & devint fort bon, comme vous l'allés voir. Heureusement pour lui, il avoit beaucoup d'esprit, & connût fort bien qu'il étoit menteur, gourmand, paresseux, en un mot qu'il avoit tous les vices. Il connût aussi fort bien que ces mauvaises qualités le rendroient méprisable & malheureux ; ainsi il résolût de se corriger. Il vit un jour son père prendre un grand morceau de marbre pour faire une statuë, & son père lui dit qu'il y avoit un homme caché dans ce bloc qu'il alloit délivrer de prison à coups de marteau. Bon, dit le jeune *Socrate*, je suis comme le bloc de marbre ; je renferme un homme, mais il faut le faire sortir : à châque coup de ciseau que donnoit l'ouvrier, *Socrate* disoit, il faut frapper ainsi de bons coups sur mes passions ; ce qu'il disoit, il le fit si courageusement que l'homme de marbre & l'honnête homme furent achevés en même tems, ensorte qu'on n'auroit jamais sû qu'il avoit eu des mauvaises inclinations, si un habile homme ne l'avoit connû aux traits de son visage.

Miss CHAMPETRE.

Comment est-il possible qu'on connoisse les inclinations d'une personne par l'air de son visage, surtout si elle s'est corrigée ?

Madem. BONNE.

Cela est très-possible, Mesdames, & je vais vous le faire comprendre, afin que vous puissiés donner une bonne physionomie à vos enfans quand vous en aurés ; car cela dépend de vos soins.

N'est-il pas vrai, quand vous êtes en coléte, que tout votre visage change, pour ainsi dire, de forme? Si la mélancolie vous surprend, voilà une autre figure ; la joye vous en rend une nouvelle ; en un mot, toutes les passions de l'ame se peignent sur le visage. Dans un enfant bien jeune, les traits qui ne sont pas bien formés & qui sont très-mols, sont aisés à prendre un certain pli ; si les situations dont j'ai parlé, reviennent souvent, il est naturel que les traits du visage rétiennent cette impression que rien ne pourra effacer dans la suite, parceque ces traits une fois formés, ne sont plus susceptibles de changement. Si vous ne comprenés pas bien cela, Mesdames, je vais vous le rendre sensible par un exemple.

exemple. Nous voyons tous les jours des enfans nés très-droits dont la taille se gâte, par la mauvaise habitude de se tenir sur un pied, ou de s'asseoir de travers : dans le commencement, rien n'est si aisé que de remédier à ce défaut ; mais si vous donnés au corps le tems de prendre un mauvais pli, les membres croissent, & se forment dans cette attitude, & devenus plus durs, il n'est plus possible de les réplier dans leur attitude naturelle ; on les romproit plûtôt. Il en est de même de l'attitude des traits du visage, attitude qui forme la physionomie, & qu'on ne peut fixer d'une maniére agréable que dans le tems de la premiére jeunesse qui est celui où ils se forment. Continués à nous dire ce que vous avés trouvé de plus frappant dans la vie de *Socrate*.

Lady VIOLENTE.

Le désir qu'il avoit de porter les jeunes gens à l'amour de la vertu. *Socrate*, Mesdames, avoit herité de son père d'un bien capable de le nourrir honnêtement ; mais un de ses amis ayant été mis en prison, *Socrate* répondit pour lui, fût obligé de payer, & par conséquent devint très-

pauvre,

pauvre, ce qui ne l'empêcha pas de se consacrer à l'éducation des jeunes gens. Ne croyés pas pourtant qu'il eut une école particuliére, ou qu'il reçût de l'argent de ses écoliers : son école étoit dans toute la ville ; il recherchoit les jeunes gens dans les ruës, dans les places publiques, dans les festins, aux spectacles, & il s'y prenoit si adroitement avec eux, qu'il les forçoit d'abord de convenir de leurs défauts ; ensuite il leur en faisoit honte sans les fâcher ; puis il leur montroit avec tant de force la beauté de la vertu, qu'il leur faisoit prendre la résolution d'être honnêtes gens. Je vais vous donner un exemple de sa maniére d'enseigner.

Un jour, un jeune homme vint trouver *Socrate*, & lui dit qu'il vouloit se consacrer au service du public en entrant dans les affaires. *Socrate* s'écria sur la beauté de cette résolution, loua le courage de ce jeune homme qui loin de se livrer aux plaisirs, comme ceux de son âge, ne pensoit qu'à servir sa patrie. Le jeune homme étoit transporté de joye de s'entendre louer par un si grand philosophe. *Socrate* après lui avoir laissé le tems de s'enyvrer de ce plaisir, lui demanda si c'étoit en commandant les troupes de la république qu'il
vouloit

vouloit lui être utile ? Le jeune homme qui n'avoit encore aucune vûë particuliére, lui répondit qu'oui. Apparemment, lui dit *Socrate*, que vous avés étudié à fond l'art militaire ; vous favés fans doute quels font les ennemis que vous aurés à combattre, de quelle méthode ils fe fervent dans le combat, quelles rufes ils employent ; vous n'ignorés pas les moyens de maintenir l'ordre parmi les foldats, de vous en faire aimer & craindre ; vous favés comment il faut attaquer, comment il faut fe défendre, affiéger une ville, & foutenir un fiége, enfin, comment il faut faire une rétraite honorable devant un ennemi trop fupérieur, & mille autres chofes que je n'ai pas le tems de détailler ? Je vous avoue, réprit le jeune homme un peu confus, que je ne fais rien de tout cela. Ce n'eft donc pas en qualité de Général que vous voulés fervir la république, dit *Socrate*, ferois-ce dans l'adminiftration de fes revenus ? Je crois qu'oui, dit le jeune homme. Fort bien, répondit *Socrate*; vous favés à quoi fe montent les revenus d'Athénes, le moyen de les augmenter en cas d'accident ou de guerre ? Eh non, dit le jeune homme, je n'y ai jamais penfé. Il faut donc abandonner le projet d'être

finan-

financier, dit *Socrate*; mais peut-être aurés-vous plus de talent pour être orateur? Je devois vous dire cela d'abord, réprit le jeune homme; j'ai beaucoup de facilité à m'énoncer en bons termes. C'eſt beaucoup, dit *Socrate*, mais ce n'eſt pas aſſés; il faut être inſtruit des choſes dont il faudra parler au peuple, connoître ſes divers intérêts pour lui propoſer la paix ou la guerre. C'eſt encore à quoi je n'ai jamais penſé, lui dit le jeune homme. Apprenés-moi donc, réprit *Socrate*, comment & dans quel poſte vous voulés ſervir votre patrie. Qui étoit bien honteux? Vous le devinés, Meſdames; c'étoit notre jeune homme qui baiſſoit les yeux, & ne diſoit pas un mot. Mon fils, lui dit le philoſophe, ne vous découragés pas. Je vais vous enſeigner le moyen de ſervir Athénes dès aujourd'hui; vous avés la meilleure volonté du monde, il ne vous manque que des lumiéres & des talens: travaillés à en acquérir en vous appliquant beaucoup pendant pluſieurs années, & alors vous ſerés en état de ſuivre les mouvemens de votre zéle pour le bien public.

Vous voyés bien, Meſdames, qu'il n'y avoit pas moyen de ſe fâcher contre *Socrate* quoiqu'il dit des choſes très-dures.

Lady

Lady SENSÉE.

Lady *Violente* n'a pas lû je pense, les dialogues de *Socrate* avec *Alcibiade*; son histoire me fait souvenir que ce jeune Athénien se tira mieux d'affaire que le jeune homme dont elle vient de parler: car après être convenu qu'il ne savoit rien, il ajoûta que ceux qui se mêloient des affaires, n'en savoient pas plus que lui. *Socrate* lui demanda ce qu'il penseroit d'un homme qui n'ayant jamais étudié la médecine, se feroit médecin, par la raison que deux ou trois charlatans de sa connoissance réussissoient à merveille à tuer les malades qui avoient le malheur de se mettre entre leurs mains? Je pense qu'il seroit un sot, dit *Alcibiade* dans le premier mouvement; puis ayant un peu réfléchi, il dit à *Socrate*: mais si je vous en crois, je serois donc un sot moi-même. Je serois bien fâché de dire une telle chose, réprit *Socrate*, c'est vous-même qui vous traités de sot, & qui voulés me persuader que vous l'êtes en effet en voulant imiter ce téméraire charlatan.

Madem.

Madem. BONNE.

Socrate ne s'écarta jamais de cette méthode; il ne disoit point d'injure aux gens; il les forçoit lui-même à condamner leurs sottises.

Lady CHARLOTTE.

Je vous prie, ma Bonne, de quoi vivoit cet honnête homme qui n'avoit point de bien, & qui ne prenoit pas d'argent pour ses peines?

Madem. BONNE.

Il se contentoit de peu, & ce peu il ne rougissoit pas de le demander à ses disciples. Il dit un jour en bonne compagnie: si j'avois eu de l'argent, j'aurois acheté un manteau. Vous pensés bien, Mesdames, qu'on eut soin de lui en envoyer un.

Miss BELOTTE.

Ah! voilà mes bons amis les Athéniens bien tombés dans mon esprit. Fi! que cela étoit vilain de ne pas prévenir les besoins de *Socrate!* Les Anglois sont plus généreux,

généreux, ma Bonne ; vous ne manquéres de rien quand nous serons grandes.

Madem. BONNE.

Je l'espére, ma chère, car apparemment je n'aurai besoin de rien. Le passé m'a instruite de ce que je dois attendre pour l'avenir. J'ai eu des écoliéres avant vous, Mesdames, qui paroissoient m'être bien attachées ; elles se sont mariées, je n'ai plus entendu parler d'elles. Ce n'est pas par ingratitude & mauvais cœur, c'est qu'elles sont dans un tourbillon d'occupations qui ne leur laissent pas le tems de penser ; elles sont comme *Périclès* dont je vais vous rapporter un trait.

Ce *Périclès* étoit un Athénien qui avoit eu pour maître un philosophe, nommé *Anaxagore*. Comme ce maître étoit fort pauvre, *Périclès* lui donnoit châque mois une petite somme d'argent pour vivre. Après quelques années, *Périclès* se trouva à la tête de toutes les affaires, & ses grandes occupations lui firent oublier son pauvre gouverneur, ou si vous voulés son maître. *Anaxagore* fût si touché de cet oubli, qu'il résolût de se laisser mourir de faim, & suivant l'usage de ceux qui choisissoient ce

genre

genre de mort, il se coucha contre terre, & s'enveloppa la tête de son manteau. *Périclès* instruit de sa résolution, se transporta chés lui, & le conjura de se conserver pour lui qui avoit un si grand besoin de ses conseils. *Anaxagore* levant la tête, lui dit avec douceur : *quand on a besoin de la lumiére d'une lampe, il faut avoir soin d'y mettre de l'huile.*

Lady LOUISE.

Savés-vous bien, ma Bonne, que vous nous dites de grosses injures, & qu'il n'y en a aucune de nous qui voulût imiter *Périclès ?* D'ailleurs nous ne serons pas comme lui chargées des affaires du gouvernement.

Madem. BONNE.

Vous aurés des affaires bien plus importantes, Mesdames ; les plaisirs occupent pour le moins autant que la politique. Vous me regardés toutes d'un mauvais œil, & je ne puis en être fâchée ; votre coléreest une marque de votre affection. Votre cœur est vuide à présent, & je suis persuadée que j'y tiens ma place ; mais il viendra un tems où j'en serai bannie par la mul-

multitude des objets qui viendront le remplir : il faudra prendre patience, & laisser passer le torrent ; mon tems réviendra un jour. Adieu, Mesdames, sans rancune au moins ; nous continuerons la première fois la vie de *Socrate*.

QUATRIÉME JOURNÉE.

Madem. BONNE *& les grandes.*

Madem. BONNE.

EH bien, Mesdames, nous avons perdu Miss *Zinna* ; elle partit hier pour s'aller marier. Miss *Frivole* & Lady *Louise* le feront dans quelques jours ; ils ne nous restera plus que nos enfans qui bientôt seront à leur tour des grandes filles. Si vous saviés combien la chère *Zinna* m'a priée de la récommander à vos priéres, vous ne pourriés manquer de vous souvenir d'elle devant Dieu. Elle passa hier la journée avec moi ; elle relût plusieurs fois les devoirs du mariage, & comme elle ne peut se promettre de me voir d'ici à long tems,
elle

elle m'a forcée de lui donner par écrit les conseils que je crois lui être nécessaires.

Miss CHAMPETRE.

Hélas ! ma Bonne, nous allons toutes nous trouver dans le même cas ; mon père m'apprit hier qu'il avoit conclû mon mariage avec un homme qu'il connoit beaucoup, & que je connois fort peu : je n'ai ni goût ni répugnance pour lui ; mais je suis reconnoissante de l'honneur qu'il me fait de m'avoir demandé à mon père sans me consulter : il a bonne opinion de mon caractère, il m'estime ; cela vaut mieux que de l'amour.

Miss FRIVOLE.

Et vous avés consenti à épouser un homme qui ne vous a pas consulté, un homme assés peu délicat pour s'être adressé à vos parens ? Quand il auroit une couronne, je ne voudrois pas la recevoir de sa main.

Miss CHAMPETRE.

Vous le savés, ma chère, je suis plus sincére que polie ; voilà une des délicatesses

ses que vous avés prise dans vos romans ! Cet honnête homme me croit une honnête fille toute résignée à la volonté d'un père sensé qui m'aime ; voyés le grand tort qu'il me fait. J'ai donc consenti à le prendre de la main de mon pere parceque je suis persuadée que mon père me tient la place de Dieu, que c'est à lui que j'obéis, & qu'il ne peut rien m'arriver de mal en obéissant à Dieu.

Madem. BONNE.

Courage, mon enfant ! Vous ne trompés point mon attente, & j'espére que Dieu bénira votre obéissance à ses ordres ; mais ce mariage, nous privera-t-il du plaisir de vous voir ?

Miss CHAMPETRE.

Pendant six mois, ma Bonne, car nous irons les passer à la campagne ; ainsi je vous conjure de nous faire part des avis que vous avés donnés à Miss *Zinna*.

Madem. BONNE.

De tout mon cœur, ma chère. D'abord, il faut se mettre dans la disposition où
Dieu

Dieu vous fait la grace d'être actuellement ; c'est-à-dire, qu'en vous mariant, il faut entrer autant qu'il est possible, dans un esprit de foi, de confiance à la providence, & d'obéïssance à la volonté de Dieu qui vous est manifestée par celle de vos parens. Ensuite, il faut examiner soigneusement les devoirs de l'état du mariage, & vous demander à vous-même si vous êtes fermement résolue de les remplir avec exactitude. Comme ces devoirs sont grands & pénibles, il faut demander à Dieu avec ardeur le courage nécessaire pour les bien remplir ; il faut le conjurer de faire naître des obstacles à votre mariage, s'il prévoyoit que vous dussiés un jour négliger ces devoirs. Pour attirer sur vous la bénédiction du Seigneur, il faut faire vos efforts pour engager vos parens à retrancher quelque chose de la dépense qu'ils veulent faire pour vous en habits & autres folies d'usages, & employer cet argent dérobé au luxe en aumônes. Je vous ai dit qu'il falloit examiner vos devoirs : vous en aurés de trois sortes, ceux qui vous seront imposés à l'égard de votre époux, ceux qui vous obligent par rapport à vos enfans, & enfin ceux auxquels il faudra vous assujettir comme chef d'une maison par rap-

rapport à l'économie, & au soin des domestiques.

Miss FRIVOLE.

Il me semble, ma Bonne, que nos devoirs envers nos enfans sont encore bien éloignés ; de long tems nous n'en aurons qui soient en âge de profiter de nos soins.

Madem. BONNE.

Vous êtes bien dans l'erreur à cet égard, ma chère ; vos devoirs envers vos enfans doivent commencer avant leur naissance, comme je vous le dirai après vous avoir répété ce que je vous ai déjà dit par rapport à vos obligations envers votre époux. Mais Miss *Frivole*, je vous demande en grace de ne plus m'interrompre ; je prévois avec douleur que ce que je vais dire, sera en pure perte pour vous : ne scandalisés point ces Dames ; si vous trouvés, comme je n'en doute pas, ce que je vais dire ridicule, renfermés vos sentimens : si vous avés quelque objection raisonnable à me faire, que ce soit en particulier, s'il vous plait.

Remarqués, Mesdames, dans les paroles de la cérémonie du mariage, le premier de vos devoirs. Le Ministre qui vous unira au nom & par l'ordre de Dieu, comme le Créateur unit *Adam & Eve*, le Ministre, dis-je, imposera à votre époux la loi de vous aimer, de vous supporter ; mais il n'imposera qu'à vous seule la loi d'obéir. Quand vous prononcerés le Oui qui vous mariera, vous consentirés à vous soûmettre à un maître ; vous le promettrés à la face de Dieu, à Dieu même, vengeur du parjure. Quel renversement d'ordre si celle qui est faite pour obéir, vouloit commander ! Mais, dirés-vous, mon mari peut-être bizarre, capricieux, jaloux ; faudra-t-il que je devienne la victime de ses fantaisies ? Oui, Mesdames, si vous ne pouvés réussir à l'en corriger par votre douceur ; aussi votre premier soin doit-il être d'étudier ses goûts pour y conformer les vôtres. Si vous lui trouvés quelque défaut capital, offrés à Dieu pour lui obtenir la grace de s'en corriger, votre patience à le supporter. Lorsque nous serons toutes de rétour de la campagne, je vous raconterai l'histoire d'une Dame avec laquelle j'ai eu le bonheur de vivre plusieurs années, & vous comprendrés qu'en suivant

son

son exemple, on ne peut presque pas manquer de corriger dans un mari les défauts les plus invétérés. Respectés beaucoup votre mari puisqu'il sera votre chef, & pour rendre votre respect & votre obéissance moins pénible, rappellés-vous souvent cette pensée : c'est à Dieu que je me soumets en la personne de celui qu'il m'a donné pour époux. Attachés-vous à aimer votre mari ; je ne crains rien pour la vertu d'une femme, quand elle remplit exactement le voeu qu'elle a fait d'aimer son époux. Tâchés d'attirer son estime & sa confiance par une conduite modeste, décente. Mettés-vous sur le ton de refuser tous les plaisirs qu'il ne pourra pas partager avec vous. Que ses amis soient les vôtres, recevés-les avec un visage ouvert & content, mais sans familiarité. Si vous aviés le malheur d'avoir à vous plaindre de votre époux, d'éprouver du dégoût pour lui, gardés-vous de laisser rien échapper qui puisse en instruire le public ; n'en parlés qu'à Dieu, & tout au plus qu'à une amie éprouvée dont vous réchercheriés des conseils utiles. Il se trouve un grand nombre d'hommes méprisables qui attendent le premier moment du dépit & du mécontentement d'une femme pour lui offrir des consolations dangéreuses. Voilà, Mesdames, une legére esquice de vos devoirs en qualité d'épouse; examinons quels sont ceux que vous imposera la qualité de mère.

Un des motifs que doit avoir une chrêtienne en se mariant, est de donner des enfans à l'église & des citoyens au ciel; mais, Mesdames, qu'il est peu de mères qui pensent à prendre les moyens nécessaires pour remplir ces deux fins! Vos devoirs à cet égard commenceront au moment où vous serés mère, c'est-à-dire, que vous soupçonnerés être grosse. Dès cet instant, plus d'exercices violens, comme de monter à cheval, de danser, de veiller immodérément, plus de caprice dans votre nourriture, les fruits cruds, la salade &c. doivent vous être interdits, ou si vous aviés envie d'en manger, il faudroit le faire avec modération. Une femme se mocqueroit de moi si je lui disois de se précautionner contre l'homicide, c'est-à-dire, de prendre garde à ne tuer personne. Les femmes, me répondroit-on, sont nées pitoyables & ne sont guére tentées de tuer quelqu'un. Cependant, combien de jeunes femmes étourdies & imprudentes sont vraiement coupables de ce crime, & causent la mort de de leurs enfans avant leur naissance ? Combien d'autres mettent au monde des enfans foibles ou maltains, qui périssent presque en naissant, ou qui traînent une vie languissante, par le peu de soin qu'ont eu leurs mères de se conserver pendant leur grossesse ? Cet article est d'une conséquence infinie, & vous n'y pouvés faire trop d'attention. Lorsque vous vous croirés enceinte, il faudra vous mettre à génoux, & consacrer votre enfant au Seigneur. Un enfant est alors incapable de rendre à son Dieu ce qu'il lui doit, c'est aux mères à s'acquitter pour lui de ces devoirs. Elle est obligée d'adorer, d'aimer, de remercier son créateur pour elle & pour son enfant, de lui demander pour lui la grace du bâtême. Toutes les fois qu'elle se sent tourmentée des incommodités de la grossesse, elle doit adorer la justice de Dieu, & se soûmettre de bon cœur au châtiment qu'il a imposé à la femme coupable. L'impatience, la mauvaise humeur au lieu de diminuer le mal, l'augmentent. Enfin, comme sa vie est en quelque danger lorsqu'elle met son enfant au monde, elle ne doit rien épargner pour se mettre bien avec Dieu, & faire tout ce qu'elle voudroit avoir fait au moment de sa mort.

Lady LOUISE.

Mais, ma Bonne, cette pensée qu'on peut mourir en mettant son enfant au monde, cette préparation à la mort, n'est-elle pas capable d'effrayer & de mettre par-là dans un grand danger ?

Madem. BONNE.

Seroient-ce des chrétiennes que la crainte de la mort pourroit effrayer à ce point ? Je suppose que sans aucune préparation vous soyés, ou vous vous croyés dans quelque danger, vos frayeurs ne seront-elles pas infiniment plus vives, & ne rendront-elles pas votre mal beaucoup plus dangéreux ? Voici comme pense une personne raisonnable : De cens femmes qui sont dans ma situation, il en meurt deux, & il en réchappe quatre vingt dix-huit : j'ai donc beaucoup plus lieu d'espérer que de craindre ; mais comme une bonne mort est la chose du monde qui m'importe le plus, je ne risque rien à me tenir prête, & je risquerois beaucoup en ne le faisant pas.

Lady

Lady LUCIE.

Je n'ai qu'une objection à faire à cela, ma Bonne; & cette objection m'a été fournie à l'occasion de ce que je vais vous dire. Une Dame de mes amies, âgée de dix-huit ans, tomba en consomption, & après quelques mois fût abandonnée des médecins. Comme on sent peu de douleur dans cet état, cette pauvre enfant n'eut jamais le moindre soupçon de l'état où elle étoit, & la veille de sa mort, elle faisoit de grands projets pour l'année suivante. Une Dame de ces amies qui est fort raisonnable, me racontoit qu'elle avoit eu bien de la peine à s'empêcher de pleurer en voyant qu'elle prévoyoit si peu sa fin. Et mon Dieu! lui dis-je en l'interrompant, est-ce que vous n'eutes pas la charité de l'avertir qu'elle ne devoit plus s'occuper que de Dieu & de l'éternité? Bon, me répondit séchement cette Dame, voilà une belle nouvelle à donner à un pauvre malade; cela seroit capable d'avancer sa mort : une personne qui vit bien, est toûjours prête à paroître devant Dieu. Cette derniére raison me parût sans réplique, & c'est l'objection que j'ai à vous faire.

Madem. BONNE.

Nous sommes d'accord quant aux mots ; mais le serons-nous si nous les expliquons ? Une personne qui vit bien, est toûjours préparée à la mort ; mais qu'est-ce qu'on entend par vivre bien ? Cette explication nous meneroit bien loin, & nous écarteroit trop de notre sujet ; elle trouvera sa place une autrefois : j'en appelle seulement à vos consciences, Mesdames ; il n'y en a aucune de nous, j'en suis sûre, qui ne craignit de paroître devant Dieu si on lui disoit qu'il faut mourir dans une demie-minute : cette bonne vie dont on la flatteroit, ne lui paroîtroit pas telle ; elle y trouveroit bien de choses au sujet desquelles, elle croiroit avoir besoin de tems pour demander miséricorde. D'ailleurs, Mesdames, châque tems de la vie a ses devoirs & ses vertus particuliéres ; celui de la mort est un tems de récolte pour les ames vertueuses puisqu'elles ont alors l'occasion de pratiquer les plus héroïques vertus. Rappellés-moi ce sujet à votre rétour de la campagne ; il est de la derniére conséquence puisqu'on ne meurt qu'une fois, & que notre salut éternel dépend de la maniére dont nous mourons. Je ne vous
dirai

dirai rien de vos devoirs à l'égard de vos enfans lorsqu'ils sont venus au monde, puisque nous devons nous revoir avant que vous ayés besoin de cette leçon. Par rapport à vos devoirs comme maîtresse de maison, vous avés à vous préserver de la hauteur, de la mollesse, de la familiarité, & d'une aveugle confiance. Pour vous convaincre de l'obligation où vous êtes de veiller sur vos domestiques, rappellés-vous ces paroles de St. *Paul : celui qni n'a pas soin des siens, est pire qu'un infidéle.*

Miss CHAMPETRE.

Ma Bonne, ma mère pour m'encourager à accepter le parti qui m'est offert, m'a dit que je n'aurois aucun embarras par rapport aux domestiques puisque la maison de mon futur époux est gouvernée depuis vingt ans par une femme de charge en laquelle il a une aveugle confiance. Comme j'ai crû devoir m'informer de tout ce qui pourroit contribuer ou nuire à ma tranquillité, j'ai fait quelques questions au sujet de cette femme, à la femme de chambre de ma mère qui a servi dans la même maison qu'elle : elle ne m'a répondu qu'en levant les épaules, & je n'en ai rien pû tirer; mais son silence semble m'en dire beaucoup. Que me conseillés-vous à cet égard ? Si Mr. M*** est entêté de cette femme, & qu'il ne juge pas à propos que je veille sur sa conduite, serai-je encore responsable des abus auxquels on ne me permettra pas de remédier ? & ne pourrai-je pas en conscience fermer les yeux sur tout le détail domestique dont cette femme sera chargée ? Si au contraire, je remarque qu'elle répond à la confiance de mon mari, n'aurai-je pas un double motif de ne me mêler de rien ?

Madem. BONNE.

Vous me proposés un cas à décider sur lequel je suis fort embarrassée, & je vais vous en dire la raison, c'est que mon orgueil s'est déjà révolté contre cette servante devenue maîtresse de son maître; c'est qu'il m'a crié bien haut, que pour rien au monde je ne voudrois souffrir dans ma maison une personne qui ne dépendit pas de moi : ce qui redouble mon embarras, c'est que la raison me tient à peu près le même langage que l'orgueil, & que je suis par conséquent en danger de me méprendre sur les motifs de ma décision.

Lady

Lady LOUISE.

Permettés-moi de vous interrompre, ma Bonne ; j'admire cette promptitude avec laquelle vous avés démêlé ce qui se passe dans votre cœur, & je connois combien cette science me seroit nécessaire puisque toutes mes fautes viennent des méprises que je fais en prenant la voix des passions pour celle de la raison.

Madem. BONNE.

On m'a tellement dévoilé mon cœur quand j'étois jeune, qu'il ne m'est presque plus possible de m'y méprendre. La Dame dont je vous ai promis l'histoire, épluchoit, si je puis employer ce terme, tous mes mouvemens, m'en faisoit démêler les causes ; comme c'est la principale partie de l'éducation, & qu'elle s'étoit chargée de la mienne, il ne se passoit rien au dehors de moi dont elle ne fût chercher les ressorts au fond de mon cœur. La réflexion Mesdames, peut suppler à cette heureuse habitude. Elle m'a encore appris, quand je me trouvois en suspens comme je le suis à présent, à ne rien décider sans avoir pris du tems pour réfléchir & demander les lumiéres du St. Esprit ; souffrés donc que j'attende jusqu'à demain à vous répondre : aussi bien voici le moment où nos enfans se rassemblent, & je suis sûre qu'il y en a déjà plusieurs dans la chambre de Lady *Sensée* ; je vais sonner, s'il vous plaît, pour les faire entrer.

Madem. BONNE.

Miss *Molly* va reprendre l'histoire du nouveau testament où nous l'avons laissée.

Miss MOLLY.

Un ange du Seigneur apparût en songe à *Joseph*, & lui dit de mener Jésus & *Marie* en Egypte parcequ'*Hérode* cherchoit à faire mourir le Sauveur. Effectivement, ce méchant Roi voyant que les Mages l'avoient trompé, entra dans une furieuse colère, & envoya des soldats aux environs de Bethléem & dans cette ville, pour tuer tous les enfans au dessous de deux ans. Ainsi la parole d'un prophête fût accomplie ; voici ce qu'il avoit dit à ce sujet : *On a entendu dans Rama de grands cris, Rachel pleurant ses enfans sans pouvoir se con-*

consoler parcequ'ils n'étoient plus. Le prophête disoit cela, Mesdames, parceque *Rachel* étoit enterrée proche de là.

Miss BELOTTE.

Nous avons chés nous un tableau du massacre de ces pauvres enfans. Ah! ma Bonne, on ne peut regarder sans pleurer les pauvres mères qui se sauvent échevellés avec ces petits innocens que les soldats massacrent dans leur sein. Comment, Dieu a-t-il pû souffrir une telle barbarie, & ne pas écraser *Hérode* d'un coup de tonnére? car enfin, si cela eut dépendu de moi, je vous jure que je l'aurois fait pour sauver la vie à tant d'enfans.

Madem. BONNE.

Un jour Jésus-Christ se présenta dans un endroit où l'on refusa de le recevoir. Les fils de *Zébédée* touchés de l'affront qu'on faisoit à leur maître, lui dirent: voulés-vous que nous faisions descendre le feu du ciel sur ces misérables? *Vous ne savés pas quel est l'esprit qui vous anime*, leur répondit Jésus. Je vous en dis autant, ma chère.

chère. Dieu qui est infiniment bon & sage, a permis le massacre des innocens pour leur bonheur ; gardons-nous de murmurer contre lui lorsqu'il permet que les méchans réussissent dans les choses injustes qu'ils entreprennent : leur triomphe sera court, quand même il dureroit autant que leur vie. Lorsque nous serons tentés d'accuser la providence en pareil cas, rappellons-nous ces belles paroles du Sage : *J'ai vû l'impie s'élever comme le Cédre du Liban ; j'ai passé, & il n'étoit plus.*

L'Evangile que nous venons d'entendre, nous confirme encore l'utile leçon de l'obéïssance aux puissances. Jésus ne cherche à se soustraire à la cruauté d'*Hérode* que par la fuite : remarqués, Mesdames, qu'*Hérode* étoit un usurpateur qui n'avoit aucun droit au trône de *David*, que de plus il étoit fort méchant. C'est à ce tyran que Jésus se soûmet, contre lequel il n'employe pas la violence. Nous le verrons par la suite prêcher dans la Judée sous le règne du fils de cet usurpateur, sans que jamais il sorte une parole de sa bouche sacrée qui puisse porter les peuples à se révolter contre lui. Nous allons, Mesdames, continuer l'histoire de *Socrate*.

Lady

Lady MARY.

Elle me fera beaucoup de plaisir ; j'avoue pourtant que j'espérois autre chose. Ma Bonne nous a promis l'histoire de la Comtesse devenue jardinière ; je me flattois qu'elle alloit tenir sa parole.

Madem. BONNE.

Cela est bien juste, ma chère, & comme je craindrois que votre impatience ne nuisît à votre attention, nous remettrons *Socrate* pour la fin de notre leçon.

Histoire de la Comtesse de Monneville.

Mademoiselle *du Rossoir* étoit d'une maison très-ancienne, mais pauvre. Sa mère l'ayant laissée orpheline fort jeune, le Comte son père la fit entrer à St. Cyr, c'est-à-dire, Mesdames, dans un convent fondé par le Roi, où l'on reçoit les filles de qualité sans fortune. Elles y sont très-bien élevées, y ont toutes sortes de maîtres, & quand elles en sortent à vingt ans, on leur fait présent de cent vingt cinq guinées. Pendant que Madem. *du Rossoir* étoit à ce
con-

convent, son père trouva une veuve assés riche qu'il épousa & qui mourût en accouchant d'un fils. Peu d'années après, le Comte *du Rossoir* étant rétenu au lit par la goute, fit présenter un placet au Roi pour obtenir que sa fille pût sortir du convent pour prendre soin de lui, sans perdre sa dot. Sa demande lui fût accordée, & elle rentra chés son père à seize ans.

Figurés-vous un grand villain château dont la plûpart des appartemens tomboient en ruine & n'étoient point habités, des lits de vélours & de drap d'or dont on ne distinguoit plus la couleur, tant ils étoient vieux & sales; trois carrosses cassés sous la rémise & vingt chevaux dans l'écurie: voilà le tableau du lieu où Madem. *du Rossoir* trouva son père. Il y avoit quinze domestiques dans la maison qui passoient leur tems à manger & à boire les provisions & le vin que le Comte prenoit à crédit & par conséquent fort cher. Cinq à six gentilshommes des environs grands chasseurs, sous prétexte de désennuyer le malade, avoient fait de sa maison une auberge où ils venoient s'enyvrer reguliérement châque jour. D'abord, Madem. *du Rossoir* qui avoit entendu dire que sa belle-mère avoit laissé beaucoup de bien, ne s'étonna s'étonna pas de la dépense que faisoit son père ; mais quoique son âge ne fût guère propre aux réflexions, elle ne pût s'empêcher d'en faire. Elle voyoit deux grands cocquins portant le nom de jardiniers qui laissoient en friche un vaste jardin potager, pendant qu'on étoit forcé d'acheter des légumes ; de grandes prairies qui faisoient partie du domaine du château, suffisoient à peine à nourrir des chevaux qui ne servoient qu'aux parasites de son père. Comme elle étoit fort timide, elle n'osoit s'expliquer avec le Comte sur ce qu'elle voyoit, & l'impudence des valets ne lui permettoit pas de s'opposer aux désordres les plus crians.

Une servante âgée, nommée *Nicole*, qui lui servoit de femme de chambre, excita sa timidité. Et quoi, Mademoiselle, lui dit-elle un jour en l'habillant, souffrirés-vous que sous vos yeux on acheve de ruiner Mr. votre père ? Encore quelques années de ce train de vie, & ce pauvre gentilhomme chassé de son château dont la vente ne suffira pas pour payer ses dettes, sera réduit à mourir à l'hôpital. Madem. *du Rossoir* avoua à *Nicole* qu'elle s'étoit apperçue de ce qu'elle lui disoit ; mais, ajoûta-t-elle, que veux-tu que je fasse ?

fasse ? Mon père, à ce que je vois, n'est pas d'humeur à veiller sur ses affaires, & il ne convient pas à une fille de ma qualité & de mon âge de prendre l'emploi d'une femme de charge. Et mort de ma vie, lui dit *Nicole*, vous voilà bien avec votre qualité ; tenés, Mademoiselle, je ne suis qu'une pauvre païsanne qui ne sait ni lire ni écrire, & pourtant je gagerois bien que je me connois mieux en noblesse que vous. Vous la faites consister vous autres à être bien vétûe, à tenir une bonne table, à ne faire œuvre de vos dix doigts toute la journée, ou tout au plus à faire quelques brimborions qui ne sont bons à rien, & moi, je crois qu'elle consiste à être plus juste, plus honnête gens que les autres. En bonne foi, Mademoiselle, quel sera le plus noble, de vivre ici aux dépens d'autrui, de voir la mémoire de Monsieur vôtre père en horreur à tous ceux qu'il aura ruinés, ou de faire des efforts pour rétablir ses affaires, & acquitter ses dettes ? Voyés-vous, je ne donnerois pas un liard d'une Demoiselle qui feroit ce que je vous conseille par avarice ; mais je me mettrois volontiers à génoux par respect, devant celle qui se feroit fer-
miére

miére par esprit de justice, & pour rendre à chacun ce qui lui est dû.

Ce sermon de *Nicole* fit son effet sur un esprit naturellement droit. Madem. *du Rossoir* comprit les devoirs de ceux qui sont vraiment nobles, & déterminée à surmonter la répugnance qu'elle avoit encore pour un travail laborieux & bas aux yeux du vulgaire, elle peignit à son père le triste état de sa maison, & le conjura les larmes aux yeux de lui abandonner le soin de la réformer. Le Comte lui représenta toute la difficulté de ce qu'elle alloit entreprendre sans aucun espoir d'améliorer sa fortune, puisque tout ce qui resteroit à sa mort, apartiendroit au fils de la seconde femme. Cette courageuse fille en prit un nouveau motif d'exécuter son dessein, parcequ'elle étoit assurée par-là qu'elle n'agiroit que par l'amour de la justice, comme *Nicole* le lui avoit fait envisager.

Ayant arraché plûtôt qu'obtenu le consentement de son père, elle commença l'ouvrage par congédier tous les domestiques à la réserve d'un seul dont *Nicole* lui répondit. Ce qui rendoit cette canaille si insolente, c'est qu'on devoit trois années de gages. Madem. *du Rossoir* prit sur sa dot dequoi les payer; elle en fût quitte pour

pour quarante guinées, car dans les provinces, les domestiques gagnent fort peu. Un jardinier laborieux prit la place des deux fénéans qui avoient eu ce titre. Une servante de basse cour, le fidéle *Lucas* dont *Nicole* avoit répondu, & une cuisinière; voilà à quoi elle borna le domestique. Dès le lendemain de cette reforme, les chevaux prirent le chemin du Marché où ils furent échangés contre de bonnes vaches. On garnit la basse cour des animaux domestiques propres à apporter quelque profit. La compagnie ordinaire du Comte fût bientôt instruite de cette reforme, & ne trouvant plus rien à sa table propre à nourrir la sensualité, se congédia d'elle-même, & fût remplacé par deux familles qui habitoient dans le village voisin, qui sachant qu'on avoit banni la débauche du château, se firent un plaisir de venir tenir compagnie au malade qui se vit bientôt en état de leur rendre leurs visites, la sobriété l'ayant guéri de sa goute au bout de deux mois. Madem. *du Rossoir* n'avoit pas perdu ce tems. Elle fit venir tous ceux auxquels son père devoit, leur déclara qu'ils seroient payés en deux années à condition, qu'ils reformeroient leurs mémoires, & retrancheroient les som-

sommes dont ils les avoient grossis, pour trouver l'intérêt de leur argent. Ces pauvres gens qui commençoient à trembler pour leurs dettes, consentirent de bon cœur à sa proposition ; ils rayèrent un quart de tous ces mémoires : on leur fit à tous huit billets pour être payés à châque quartier, & Madem. *du Rossoir* employa le reste de sa dot à payer la moitié du premier d'avance. Pour se mettre en état de remplir ses engagemens, *Lucas* & *Nicole* alloient deux fois châque sémaine dans deux marchés voisins pour vendre le beurre, le fromage & les œufs qui se faisoient au château, & rapportoient de l'argent dont la moitié se mettoit à part, & étoit regardé comme un dépôt sacré réservé pour payer les dettes ; le reste se partageoit encore en deux parts dont l'une s'employoit aux réparations du château, & le reste à l'entretien de la table qui n'avoit plus rien de superflu & qui pourtant étoit toûjours assés honnêtement servie pour recevoir un honnête homme. Au profit qu'on retiroit des vaches & de la basse cour, se joignît bientôt celui du jardin qui rapportoit quatre fois plus en fruits & en légumes qu'on n'en pouvoit consumer dans la maison. Madem. *du Rossoir*

Roſſoir ſe levoit reguliérement à cinq heures du matin ; elle paſſoit la matinée à veiller ſur les ouvriers & ſon petit domeſtique : l'après dîner elle tenoit compagnie à ſon père & à ceux qui le venoient voir ; mais elle diſoit agréablement, on ne parle pas avec les doigts, ainſi on me permettra d'occuper les miens. D'abord, elle déborda tous les meubles où il y avoit de l'or, & les décraſſa pour les mettre en état d'être vendus ; elle y ſubſtitua des meubles ſimples, mais neufs & propres, & pendant qu'elle s'occupoit à ce travail, *Lucas* aidoit au jardinier, & *Nicole* encourageoit par ſon exemple les ſervantes à filer, pour remplir les armoires de linge, car elles étoient vuides au tems de la reforme. Le dégoût que de tels emplois cauſèrent d'abord à Madem. *du Roſſoir*, diminua peu à peu, & à châque quartier où elle payoit les dettes de ſon père, elle goûtoit une joye ſi pure qu'elle ſe trouvoit dédommagée de tous ſes travaux. Elle eut encore un autre ſujet de mortification qu'elle n'avoit pas prévû ; ce fût les railleries de ceux qui avoient perdu aux changemens qu'elle avoit faits : il eſt vrai qu'elle les ſentit peu ; les louanges de tous les honnêtes gens, les bénédictions de
ceux

ceux auxquels elle rendoit juſtice, & qui pourtant regardoient ce qu'ils recevoient d'elle comme un don, compenſoient d'une maniére bien avantageuſe les mépris de ceux qu'elle mépriſoit elle-même.

Cependant, le Comte qui jouïſſoit d'une parfaite ſanté, étoit pénétré de reſpect pour ſa vertueuſe fille, & de douleur de ne pouvoir augmenter ſa fortune. Madem. *du Roſſoir* ſembloit avoir oublié qu'elle avoit ſacrifié ſa dot au rétabliſſement de ſes affaires ; il s'en ſouvint, & n'ayant rien dont il pût diſpoſer que de ſa vaiſſelle d'argent, il la mît en dépôt chés un de ſes frères qui poſſédoit une petite cure dans le voiſinage, avec ordre de la remettre à ſa fille après ſa mort, pour la payer des ſommes qu'elle avoit avancées. Il lui annonça même qu'il vouloit que toutes les épargnes qu'elle feroit après le payement entier de ſes dettes, fuſſent réſervées pour augmenter ſa dot. Ce fût alors qu'il connût toute la nobleſſe du motif qui avoit fait agir ſa fille. J'ai pû ſans rougir, lui dit-elle, m'acquitter des emplois les plus bas pour ſatisfaire à un devoir de juſtice ; je continuerai à prendre les mêmes ſoins par amitié pour mon frère quoique je n'aye pas le bonheur de le connoître : il ſuffit

qu'il

qu'il soit votre fils pour m'intéresser à son sort ; mais, mon père, ce seroit vraiement m'avilir & me mettre au rang d'un domestique, que de rendre mes soins mercenaires : je ne veux d'autre récompense de mes peines que le plaisir de les prendre pour vous & pour lui. Le Comte passa encore quelques années avec sa charmante fille, & mourût sans avoir le tems de la recommender à son frère qui étoit alors en Italie. Ce frère ne ressembloit en rien à sa sœur, & loin de lui savoir gré du soin qu'elle avoit pris de lui sauver son bien, il lui reprocha qu'elle avoit déshonoré son père en le faisant vivre comme un grédin ; il ajoûta qu'elle étoit la maîtresse de rester dans le château, pourvûqu'elle voulût s'assujettir à ne se mêler de rien. Madem. *du Rossoir* remercia son frère, & se retira chés son oncle. C'étoit un écclésiastique pénétré de ses devoirs. Ma chère niéce, lui dit-il, Dieu sait que si j'eusse reçû quelques biens de mes pères, je me ferois un plaisir d'en disposer en votre faveur ; mais le superflu du revenu de ma cure appartient à mes pauvres paroissiens : je croirois commettre un sacrilége d'en distraire la plus petite somme puisque c'est le patrimoine de la veuve & de l'orphelin ;

ainsi

ainsi vous ne devés compter que sur le peu que vous a laissé votre père, cela se monte à cinq cens louis : voyés quel emploi vous voulés faire de cette somme.

Madem. *du Rossoir* se trouva dans un grand embarras : elle auroit bien souhaité être religieuse ; mais elle n'avoit pas de vocation, & son digne oncle qui le connoissoit aussi bien qu'elle, n'avoit garde de chercher à diminuer sa répugnance pour le convent par des motifs humains.

Le Comte de Monneville avoit une très-petite terre dans cette paroisse ; il avoit été touché du mérite de Madem. *du Rossoir* : il déclara ses sentimens au curé en gémissant de n'avoir pas une fortune digne d'elle. *Nicole* fût appellé au conseil, & prouva par de très-bonnes raisons que des personnes modérées & laborieuses pouvoient se flatter de n'être jamais sans ressources ; que la providence bénissoit l'industrie, & qu'ainsi sa maîtresse devoit se confier en elle du soin de sa famille future qu'elle laisseroit assés riche si elle la laissoit vertueuse. Le curé fût de l'avis de *Nicole*, & Madem. *du Rossoir* devint Comtesse. Sa dot fût employé à acheter un terrain contigu à celui qui faisoit le patrimoine de son époux; elle prit sur elle le soin de faire cultiver

Tom. I.   I   ses

ses terres, & Dieu bénit tellement ses soins que son époux devenu Colonel au bout de deux ans, eut la facilité de faire décemment la dépense qui convenoit à son rang. La Comtesse pendant son absence s'occupoit dans ses momens de loisir de l'éducation d'un fils & d'une fille dont Dieu avoit béni leur mariage. Le miracle de la multiplication sembloit se rénouveller en sa faveur; la grêle, les insectes paroissoient respecter ses champs, & ce qui se croiroit à peine, elle trouvoit dans son nécessaire un superflu pour aider ses pauvres voisins dont elle étoit adorée. Elle étoit si heureuse dans sa situation qu'elle ne l'eut pas changée pour la plus brillante. Vous verrés par la fin de cette histoire que nous remettrons à demain, qu'elle devoit en changer bientôt. Lady *Violente* va continuer à nous répéter celle de *Socrate*.

Lady VIOLENTE.

Il y avoit dans la ville d'Athénes un grand nombre de faux philosophes qui enseignoient un galimatias qu'ils appelloient philosophie; mais ils ne faisoient pas comme *Socrate*, & ils exigeoient de grandes sommes pour embrouiller la cervelle de ceux

ceux qui avoient le malheur de devenir leurs disciples. *Socrates* entreprît de prouver que ces gens-là étoient des ignorans. Il faut vous souvenir, Mesdames, que notre philosophe avoit l'air assés stupide; il prenoit le moment où ces gens parloient en public, leur disoit qu'il avoit l'esprit trop lourd pour entendre les belles choses qu'ils disoient au peuple, & les supplioit de répondre aux questions qu'il prendroit la liberté de leur proposer. Il étoit si fin qu'il cachoit admirablement son intention, & leur faisoit d'abord les demandes les plus simples; & leurs réponses devenant des principes souvent faux, il les faisoit tomber en contradiction avec eux-mêmes, ce qui excitoit de grands éclats de rire parmi le peuple; alors *Socrate* disoit d'un air niais : je suis bien malheureux de n'avoir pas assés d'esprit pour comprendre ce que disent de si habiles gens, & les Athéniens apprenoient par-là que ces hommes n'étoient pas de vrais savans.

Lady CHARLOTTE.

Ma Bonne, je ne comprends pas bien cette façon de disputer de *Socrate*; voudriés-vous nous en donner un exemple?

Madem. BONNE.

Ce sera pour la premiére fois, ma chère; *Platon* disciple de ce grand homme, nous a laissé quelques uns de ses dialogues. Voyés-vous, Mesdames, j'appelle *Socrate* un grand homme ; c'est par habitude & par un effet du préjugé : bientôt nous allons le trouver bien petit. Continués, Lady *Violente*.

Lady VIOLENTE.

Ma Bonne parle de la mort de *Socrate* où véritablement il y a quelque chose à rédire. Vous sentés, Mesdames, que *Socrate* fût regardé de mauvais œil par tous ces faux philosophes & par leurs amis; dès-lors ils jurèrent sa perte, & ils la commencèrent par le moyen d'un poëte, nommé *Aristophane*, qui fit une comédie, appellée *les Nuées*, dans laquelle il fit dire à *Socrate* mille impietés & extravagances, afin de connoître les dispositions du peuple à l'égard du philosophe. Comme ils virent que les Athéniens au lieu de se fâcher contre le poëte, rioient des sottises qu'il faisoit dire à *Socrate*, ses ennemis en con-

conclûrent qu'ils pourroient le perdre un jour.

Lady MARY.

Ah ! mes bons amis les Athéniens ! J'ai bien peur que vous n'alliés faire quelque sottise ; mais, ma Bonne, peut-être je les accuse à tort : il pouvoit bien être qu'ils ne savoient pas que c'étoit de *Socrate* que le poëte vouloit parler.

Madem. BONNE.

Cette question, ma chère, me fait voir que vous n'avés aucune idée de la comédie des Grecs ; & je vais vous apprendre combien elle étoit différente de la nôtre. D'abord, on ne jouoit pas la comédie dans une maison ; c'étoit au milieu d'une place publique où il pouvoit tenir plus de dix mille personnes.

Miss MOLLY.

Et comment, les acteurs pouvoient-ils parler allés haut pour être entendus d'un si grand nombre d'hommes ?

Madem. BONNE.

Il y avoit un bien plus grand nombre de spectateurs à Rome. D'abord, le théâtre avoit des côtés où l'on plaçoit des vases d'airain qui en recevant la voix, la portoient fort loin, c'étoit comme des échos; & puis, les acteurs avoient des masques qui grossissoient leur voix, & afin qu'un homme pût employer toutes ses forces à parler, il ne se fatiguoit point à faire les gestes qui convenoient aux paroles qu'il prononçoit, c'étoit un autre acteur qui faisoit ces gestes.

Miss SOPHIE.

Quelle extravagance! Et comment, les Athéniens & les Romains pouvoient-ils s'amuser d'un pareil spectacle?

Madem. BONNE.

Miss *Sophie* est toûjours la même; qu'une chose n'entre pas d'abord dans son esprit, c'est une extravagance, une sottise: elle ne se donne pas la peine de faire le moindre examen, ni même d'entendre jusqu'à la fin ce qu'on a à lui dire. Que cet

cet exemple vous corrige, ma chère, &
daignés m'écouter jufqu'au bout.

Les acteurs avoient un mafque fur le
vifage, & on ne pouvoit appercevoir le
mouvement de leurs lévres & de leurs
yeux; par conféquent les fpectateurs qui
étoient éloignés, croyoient que celui qui
faifoit les geftes, étoit celui qui parloit.

Il faut remarquer encore, Mefdames,
que chés les Athéniens, les poëtes ne fai-
foient pas toûjours leurs comédies fur des
caractères d'imagination : ils jouoient hardiment les perfonnes qui étoient en charge,
les généraux d'armée, les orateurs, &
ceux qui gouvernoient la république ; &
afin que le peuple ne pût pas ignorer le
nom de celui dont on fe mocquoit, l'acteur
qui faifoit les geftes, & qui paroiffoit parler,
portoit un mafque qui reffembloit parfaitement à celui dont on fe mocquoit : ce fût
ainfi que parût l'acteur qui repréfenta *Socrate*, & par conféquent les Athéniens ne
pouvoient fe tromper à cet égard.

Ce ne fût pourtant que bien des années
après qu'on eut joué cette comédie ou
plûtôt cette farce, que *Socrate* fût accufé
devant les juges. C'eft dans cette occafion que tout le monde dit qu'il s'eft
couvert de gloire, & c'eft alors felon moi,

qu'il

qu'il mérita véritablement la mort à laquelle il fût condamné.

Miss CHAMPETRE.

Vous allés donc faire une seconde fois le procès de ce pauvre *Socrate* ? Mais, ma Bonne, vous êtes son accusatrice ; en bonne règle vous ne devés pas le juger : nommés lui donc des juges & un avocat.

Madem. BONNE.

Votre remarque est juste, ma chère. Ses juges & ses avocats seront toutes celles qui m'écoutent ; mais je ne ferai pas pourtant l'accusatrice de *Socrate* : il s'accusera lui-même, mes enfans.

Socrate fût accusé par un certain *Mélitus* & plusieurs autres hommes de néant de corrompre l'esprit des jeunes gens, de ne pas croire aux Dieux d'Athénes, & de vouloir en introduire de nouveaux. Que devoit-on attendre d'un philosophe tel que *Socrate* ? la confession de ses sentimens sur la divinité. C'étoit le moment de dire à cette multitude incensée : Athéniens, il n'y a qu'un Dieu, créateur du ciel & de la terre. Cette multitude de Dieux est ridicule;

cule ; ceux que vous adorés comme tels, font des hommes infames. Vous ne voudriés pas pour tout au monde si vous avés de l'honneur, que votre fille ressemblât à *Vénus*, votre fils à *Mercure* le plus habile des voleurs, & vous rougiriés si l'on pouvoit vous prouver à vous-mêmes que vous ayés commis la dixiéme partie des crimes que vos poëtes attribuent à *Jupiter*. Voilà ce que j'ai enseigné à vos jeunes gens, & ce que je suis prêt à vous prouver si vous voulés m'entendre ; c'est qu'il n'y a qu'un seul Dieu qui ne peut avoir eu de commencement, qui étant souverainement parfait, se plaît à voir des hommes vertueux qu'il récompense pendant qu'il punit les injustes, les menteurs, les traîtres à leur patrie, les mauvais pères, les juges iniques & passionnés. C'est entre ses mains que retournera mon ame qui en est sortie, sur laquelle vous n'avés aucune puissance.

Si *Socrate* eut parlé ainsi, Mesdames, je le regarderois comme un martyr de la divinité ; mais non : il s'amuse à parler d'une manière équivoque. Quoi, dit-il à *Melitus*, vous dites que je ne crois pas que le soleil & la lune soient des Dieux ? vous croyés parler à *Anaxagore* qui a dit que ces

I 5   astres

astres n'avoient rien de divin. Les défenseurs de *Socrate* disent que ce discours n'étoit qu'une ironie. Je voudrois le penser comme eux; mais cela n'est pas possible : il n'est pas permis de biaiser en aucune maniére, d'éluder lorsqu'on nous demande raison de notre foi ; il faut parler librement, ou l'on devient criminel.

Lady SPIRITUELLE.

Je conviens qu'un chrétien doit toûjours en agir ainsi ; mais *Socrate* n'avoit pas nos lumiéres : il ignoroit sans doute que c'est un crime de dissimuler en matiére de réligion. Ses disciples entendoient son ironie, & ce qu'il auroit dit sur la divinité, n'auroit servi de rien aux autres ; ainsi, ma Bonne, je vous trouve trop sevére.

Madem. BONNE.

La lumiére naturelle apprend à l'homme qu'il est permis en quelques occasions de taire ses sentimens, mais qu'il ne l'est jamais lorsqu'on nous interroge positivement, parcequ'alors c'est tromper. Les juges ne demandoient pour pardonner à *Socrate*

Socrate que de s'avouer coupable en quelque chose : du moins *Socrate* le pensoit ainsi ; mais il dit qu'il lui seroit honteux de s'abaisser jusqu'à un mensonge pour sauver sa vie. Vous voyés, Mesdames, qu'il connoissoit ses devoirs par rapport au respect qu'on doit avoir pour la vérité ; aussi lorsqu'on lui eut demandé selon la coûtume à quoi il se condamnoit, il répondit : pour avoir employé toute ma vie sans aucun salaire à vous rendre vertueux, je me condamne à être nourri le reste de mes jours aux dépens du public. Que n'ajoûtoit-il, pour avoir travaillé à vous rendre vertueux en vous enseignant qu'il n'y a qu'un seul Dieu ! Ce seul mot en eut fait un martyr. Au reste, Mesdames, afin que vous ne m'accusiés pas de condamner *Socrate* de mon chef, écoutés sa sentence de la bouche de St. *Paul*. *Les anciens sages & philosophes*, dit ce grand apôtre, *ont connû Dieu par ses œuvres, & parceque l'ayant connû, ils ne l'ont pas glorifié. Dieu les a abandonnés aux désirs de leur cœur, ensorte qu'ils se sont déshonorés eux-mêmes par des vices honteux.* Socrate l'apôtre de la vertu, n'est pas selon moi exempt de châtiment. Ce philosophe se vantoit d'avoir appris la rhétorique de la fameuse *Aspasie* ; or cette *Aspasie* étoit non seulement une femme dont la mauvaise vie étoit publique, mais qui avoit dans sa maison plusieurs filles de son caractère, pour fournir des maîtresses aux Athéniens. Convenoit-il au grave *Socrate* d'avoir une liaison intime avec une femme ? Ne donnoit-il par-là un bel exemple aux jeunes gens qu'il enseignoit ? Aussi plusieurs personnes l'ont elle accusé d'avoir des mœurs fort déréglées, & sa liaison avec *Aspasie* me donne lieu de les croire malgré ce que disent ses défenseurs; car j'aurai toûjours mauvaise opinion d'une personne qui se plaira dans la compagnie des malhonnétes gens. Que dites-vous à cela, Lady Sensée ?

Lady SENSÉE.

Vous savés, ma Bonne, que cette réflexion me vint d'abord dans l'esprit lorsque je lûs l'histoire ancienne ; mais ces Dames pensent sans doute mieux que moi, & je les prie de dire leur sentiment.... Personne ne répond, ma Bonne ; apparemment que toutes nos amies pensent comme St. *Paul :* car assûrement, *Socrate* ne glorifia pas devant ses juges, le Dieu qu'il qu'il connoissoit, d'où j'ose conclure que ce fût un châtiment de Dieu pour n'avoir pas eu les mœurs aussi réglées que ses lumières naturelles l'exigeoient.

Madem. BONNE.

Je trouve votre raisonnement fort juste. Je vais finir ce qui nous reste à dire de *Socrate*.

Il fut condamné à boire de la ciguë qui étoit une sorte de poison qui faisoit mourir sans douleur. Remarqués, Mesdames, que les juges de *Socrate* étoient de fort malhonnêtes gens de le condamner à la mort; car ils le firent sans preuves, *Socrate* par malheur pour lui n'ayant jamais voulu convenir qu'il eut eu de mauvais sentimens sur la religion qu'on professoit à Athénes, & s'étant défendu avec force contre l'accusation qui portoit qu'il séduisoit la jeunesse. Ce qui rend les Athéniens inexcusables à son égard, c'est qu'ils eurent trente jours à réfléchir. Voici comment cela arriva.

Les Athéniens envoyoient châque année des présens au temple d'*Apollon* à Delphes. Le vaisseau qui portoit ces présens, partit le jour que *Socrate* fût condamné, & ne revint que trente jours après ; or il étoit défendu de faire mourir perſonne en l'abſence de ce vaiſſeau, & par conſéquent *Socrate* reſta trente jours en priſon.

Miſs BELOTTE.

Et pendant tout ce tems, perſonne ne chercha à ſauver le pauvre *Socrate ?* N'avoit-il pas des amis, un grand nombre d'écoliers ?

Madem. BONNE.

Je vous demande bien pardon, Meſdames ; mais je ſais par expérience que l'affection des écoliers pour leur maître eſt une foible reſſource. *Socrate* en trouva pourtant quelques-uns qui ne l'abandonnèrent point, mais en petit nombre ; il me ſemble même qu'ils ne firent pas ce qu'ils devoient faire à l'égard de *Socrate*. Le peuple Athénien avoit commué la ſentence de mort portée contre *Miltiade* en une amande, en conſidération de ſes ſervices. Le peuple avoit donc le pouvoir de changer une ſentence. Les Athéniens n'étoient n'étoient que trop aisés à persuader. Un orateur éloquent étoit presque sûr de leur faire faire telle sottise qu'il voudroit, pourvû qu'il prit la peine de la leur déguiser sous une belle apparence ; pourquoi donc *Platon* disciple de *Socrate*, ne courût-il pas à la tribune aux harangues ? ou si on ne le lui permit pas, pourquoi ne courût-il pas de maison en maison, de ruë en ruë, pour faire connoître l'innocence de son maître ? Aucun des disciples de *Socrate* ne s'avisa de cet expédient ; ils se contentèrent de séduire celui qui le gardoit en lui donnant une somme d'argent pour l'engager à le laisser échapper.

Miss BELOTTE.

Socrate se sauva donc, & ne bût point cette villaine ciguë ?

Madem. BONNE.

Non, ma chère ; il prétendit que le ferment qu'il avoit fait d'obéir aux loix, ne lui permettoit pas de se soustraire à l'arrêt de mort que la république avoit prononcé contre lui par la bouche de ses juges.

Lady Spirituelle.

Peste soit de l'animal ! & si la république lui avoit commandé de tuer un homme, auroit-il crû être dans l'obligation de lui obéïr ? non sans doute. Je me souviens d'avoir lû dans quelque endroit qu'il désobéït tout net aux trente tyrans qui lui commandoient d'aller enlever un homme innocent qu'ils vouloient faire périr. Comment donc, ne pensa-t-il pas qu'il n'étoit pas plus maître de sa vie que de celle d'un autre, & qu'il n'avoit pas promis d'obéïr à ceux qui sous prétexte de faire observer les loix, violoient celle de la justice ? Est-ce que je me trompe, ma Bonne, si vous aviés été à la place de *Socrate*, auriés-vous eu cette fausse délicatesse, & ne vous seriés-vous pas sauvée bien vîte ?

Madem. Bonne.

Peut-être bien, ma chère : j'aurois cependant eu une meilleure raison que celle de *Socrate* pour n'en rien faire ; mais pour bien entendre ma raison, il faut examiner les devoirs que la charité nous impose par rapport à nous & à notre prochain.

Nous

Nous devons aimer notre ame plus que celle de notre prochain ; mais nous devons aimer l'ame de notre prochain, du plus cruel de nos ennemis même, plus que notre vie : c'est-à-dire, que s'il falloit sacrifier notre vie pour procurer le salut d'un homme quelqu'il fût, pour l'empêcher de faire un crime, il faudroit la sacrifier ; car qu'est-ce que notre vie en comparaison d'une ame rachetée du sang de Jésus, en comparaison d'un crime qui offense le créateur du ciel & de la terre ?

En second lieu, nous devons préférer notre vie à celle d'un autre ; mais nous devons préférer la vie de notre prochain à notre intérêt temporel : c'est-à-dire, que si la mort d'un homme pouvoit nous procurer une grande fortune, ou nous empêcher d'être ruineés, il vaudroit mieux rester pauvre ou le devenir, que de causer la mort de notre prochain. Cela posé ; voyons dequoi il s'agiroit si on m'avoit condamnée injustement à la mort : de la perte de ma vie. De quoi s'agiroit-il par rapport au geolier qui me garderoit & qui par intérêt sacrifieroit son devoir ? d'un crime. Donc si j'étois juste, je préférerois la nécessité de mourir à celle de rendre ce geolier criminel.

Lady.

Lady LOUISE.

Ah! ma Bonne, que votre doctrine est sevére! Quoi, je serois obligée de sacrifier ma vie pour procurer le salut d'un homme qui m'auroit fait du mal, ou pour l'empêcher de faire un péché?

Madem. BONNE.

Vous me faites trop d'honneur, Madame, d'appeller cela ma doctrine ; c'est bien celle de Jésus-Christ. Hélas! je suis si méchante & si foible que si j'eusse fait l'Evangile, je ne l'aurois pas fait si parfait.

Lady LUCIE.

Je crois savoir tout le nouveau testament par cœur, & cependant, ma Bonne, j'ose vous dire que je n'y ai jamais lû rien qui approche de cela.

Madem. BONNE.

Je vais vous convaincre à la *Socrate*, ma chère ; répondés à mes questions. Quel est la seule chose qui soit vraiement un mal?

Lady

Lady LUCIE.

Le crime.

Madem. BONNE.

La mort eſt donc un moindre mal que le crime ?

Lady LUCIE.

Sans doute.

Madem. BONNE.

Si ces deux choſes ſe préſentoient, la mort ou le crime, & que vous fuſſiés obligée de choiſir ; que feriés-vous ?

Lady LUCIE.

Je choiſirois la mort ſi je m'aimois véritablement ; car la raiſon me diroit qu'il faudroit préférer la mort qui eſt un mal imaginaire, au crime qui eſt un mal réel.

Madem. BONNE.

Et s'il étoit queſtion de votre ſalut, préfériés-vous de vivre en le perdant, ou de mourir en l'aſſûrant ?

Lady LUCIE.

Je ferois bien ennemie de moi-même si je préférois ma vie à mon ame ; mais, ma Bonne, il n'est pas question de mon salut, c'est de celui de mon prochain dont il s'agit.

Madem. BONNE.

Comment Jésus-Christ dans l'Evangile dit-il qu'il faut aimer son prochain ?

Lady LUCIE.

Comme soi-même.

Madem. BONNE.

Donc il faudroit faire pour le salut de votre prochain ce que vous feriés pour le votre ; autrement vous vous aimeriés plus que lui, & vous n'accompliriés pas le précepte. Je vais vous rendre tout ceci plus clair.

Un homme qui n'a jamais entendu parler de Dieu, & qui a fort mal vécû, tombe malade de la peste ; je sais que cet homme sera damné s'il meurt sans se répentir, & il n'y a que moi qui entende sa langue & qui la parle,

par

par conséquent il n'y a que moi qui puisse l'exciter à demander pardon à Dieu, & le lui faire connoître ; mais il pourra fort bien arriver que je gagne son mal, & que j'en meure, n'importe, son ame étant plus précieuse que ma vie, je dois risquer le moins pour sauver le plus. Je sais au contraire que cet homme a vécû chrétiennement, je n'ai d'inquiétude que pour sa vie qu'il perdra peut-être faute de secours, & que peut-être aussi il conservera si je risque la mienne ; alors ma conservation temporelle va devant la sienne, vie pour vie, la mienne doit avoir la préférence.

Lady SENSÉE.

Mais, ma Bonne, serois-je homicide de moi-même si je m'exposois pour le secourir ?

Madem. BONNE.

Non, assûrement, ma chère. Vous voyés tous les jours des hommes qui par intérêt servent dans les hôpitaux ; en France ce sont des personnes qui par charité se dévouent courageusement au service des pauvres malades, des filles même

même de qualité & très-aimables. Elles font des actes de charité héroïque en agiffant ainfi : elles expofent leur vie ; mais elles ne font pas fûres de la perdre : au contraire, l'expérience apprend qu'elles s'accoûtument au mauvais air, & gagnent rarement des maladies mortelles ; elles en font quittes pour la galle, la vermine & autres femblables bagatelles.

Lady LOUISE.

Vous me faites frémir avec vos bagatelles. En Angleterre nous trouvons le moyen d'affifter les pauvres fans nous expofer à toutes ces horreurs ; lorfqu'il eft queftion d'affifter les pauvres, nous envoyons nos femmes de chambre : n'eft-ce pas comme fi nous y allions nous-mêmes ?

Madem. BONNE.

Au jour du jugement, Madame, Jéfus dira à votre femme de chambre : j'ai été malade, & vous m'avés fervi ; j'ai été prifonnier, & vous m'avés vifité : venés, poffédés le royaume qui vous a été préparé ; mais que vous dira-t-il à vous, Madame ? Vous avés eu horreur de ma misère, de ma pauvreté, de mes playes ; votre délicatesse vous a éloigné des lieux où j'étois malade & souffrant.

Miss SOPHIE.

Mais, ma Bonne, en conscience, conviendroit-il à des Dames de qualité de courir les gréniers, les hôpitaux, les prisons, & de s'exposer par-là à gagner la fiévre ou d'autres maladies ? Pourvûque les pauvres soient assistés, cela suffit ; & si je donne de l'argent pour les servir, n'est-ce pas comme si je les servois moi-même ?

Madem. BONNE.

Ne me faites jamais aucune objection quand il s'agira de l'Evangile ; si vous en trouvés la morale trop sevére, prénés-vous en à Jésus-Christ & non pas à moi. C'est à tous les justes pauvres & riches, de basse naissance ou de qualité, que Jésus dit : *j'ai été malade & prisonnier, & vous m'avés visité.* D'ailleurs, Mesdames,

dames, la crainte du mauvais air est un faux prétexte. J'ai connû un grand nombre de Dames de qualité qui alloient très-souvent dans les prisons & les hôpitaux, qui y menoient leurs filles, & je n'en ai jamais vû aucune qui y ait gagné un seul accès de fiévre. Vous êtes bien scrupuleuses sur le soin que vous devés prendre de votre santé lorsqu'il s'agit du service des pauvres, & cette même santé, vous la prodigués lorsqu'il s'agit de vos plaisirs. Vous savés très-bien qu'en sortant de la comédie où il fait très-chaud, vous vous enrhumés, que les rhumes en Angleterre sont très-dangereux ; cette considération, vous empêche-t-elle de vous y exposer ? Pour moi, j'ai remarqué un grand nombre de jeunes personnes mortes de consomption pour un rhume gagné au bal, & cela n'en dégoûte point ; j'aimerois bien mieux, & elles aussi actuellement, avoir gagné la mort en servant les pauvres. Mais en voilà assés sur cet article ; nous réprendrons l'histoire Romaine la premiére fois aussi-tôt après la leçon du St. Evangile.

Fin du Premier Tome.

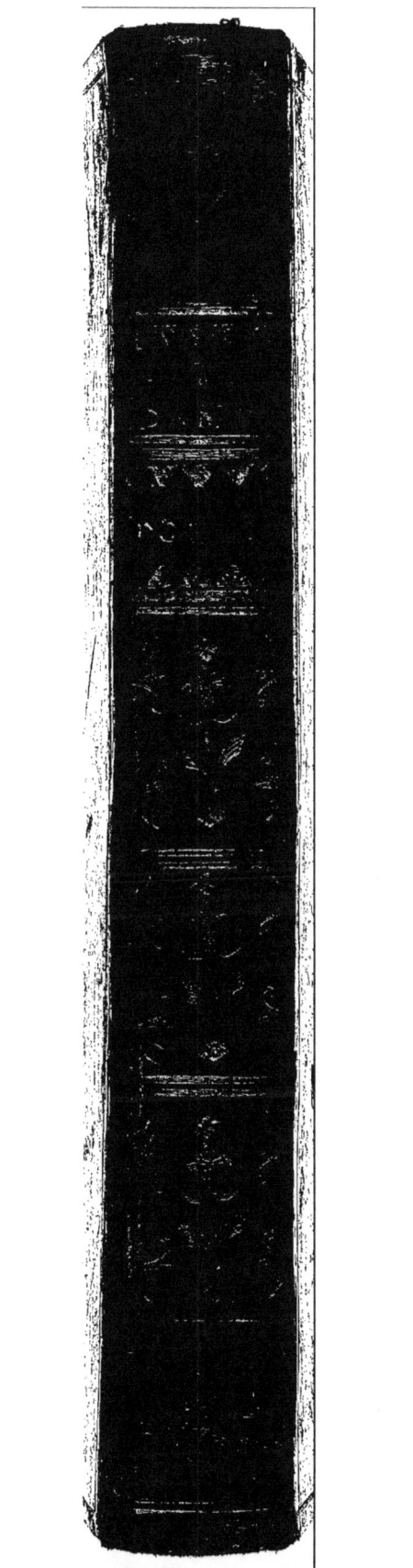

www.ingramcontent.com/pod-product-compliance
Lightning Source LLC
Chambersburg PA
CBHW071927160426
43198CB00011B/1313